Contratación y supervisión de trabajos de impresión, encuadernación, acabados y gestión de materias primas

Elsa Rubio Duce

ic editorial

Contratación y supervisión de trabajos de impresión, encuadernación, acabados y gestión de materias primas
© Elsa Rubio Duce

1ª Edición

© IC Editorial, 2025

Editado por: IC Editorial
c/ Cueva de Viera, 2, Local 3
Centro Negocios CADI
29200 Antequera (Málaga)
Teléfono: 952 70 60 04
Fax: 952 84 55 03
Correo electrónico: iceditorial@iceditorial.com
Internet: www.iceditorial.com

ISBN: 978-84-1184-633-2
Depósito Legal: MA 341-2025

Impresión: PODiPrint
Impreso en Andalucía – España

Nota de la editorial: IC Editorial pertenece a Innovación y Cualificación S. L.

Presentación del manual

El **Certificado de Profesionalidad** es el instrumento de acreditación, en el ámbito de la Administración laboral, de las cualificaciones profesionales del Catálogo Nacional de Cualificaciones Profesionales adquiridas a través de procesos formativos o del proceso de reconocimiento de la experiencia laboral y de vías no formales de formación.

El elemento mínimo acreditable es la **Unidad de Competencia.** La suma de las acreditaciones de las unidades de competencia conforma la acreditación de la competencia general.

Una **Unidad de Competencia** se define como una agrupación de tareas productivas específica que realiza el profesional. Las diferentes unidades de competencia de un certificado de profesionalidad conforman la **Competencia General,** definiendo el conjunto de conocimientos y capacidades que permiten el ejercicio de una actividad profesional determinada.

Cada **Unidad de Competencia** lleva asociado un **Módulo Formativo,** donde se describe la formación necesaria para adquirir esa **Unidad de Competencia,** pudiendo dividirse en **Unidades Formativas.**

El presente manual desarrolla la Unidad Formativa **UF0254: Contratación y supervisión de trabajos de impresión, encuadernación, acabados y gestión de materias primas,**

perteneciente al Módulo Formativo **MF0206_3: Gestión de la fabricación del producto gráfico,**

asociado a la unidad de competencia **UC0206_3: Gestionar la fabricación del producto gráfico,**

del Certificado de Profesionalidad **Producción editorial.**

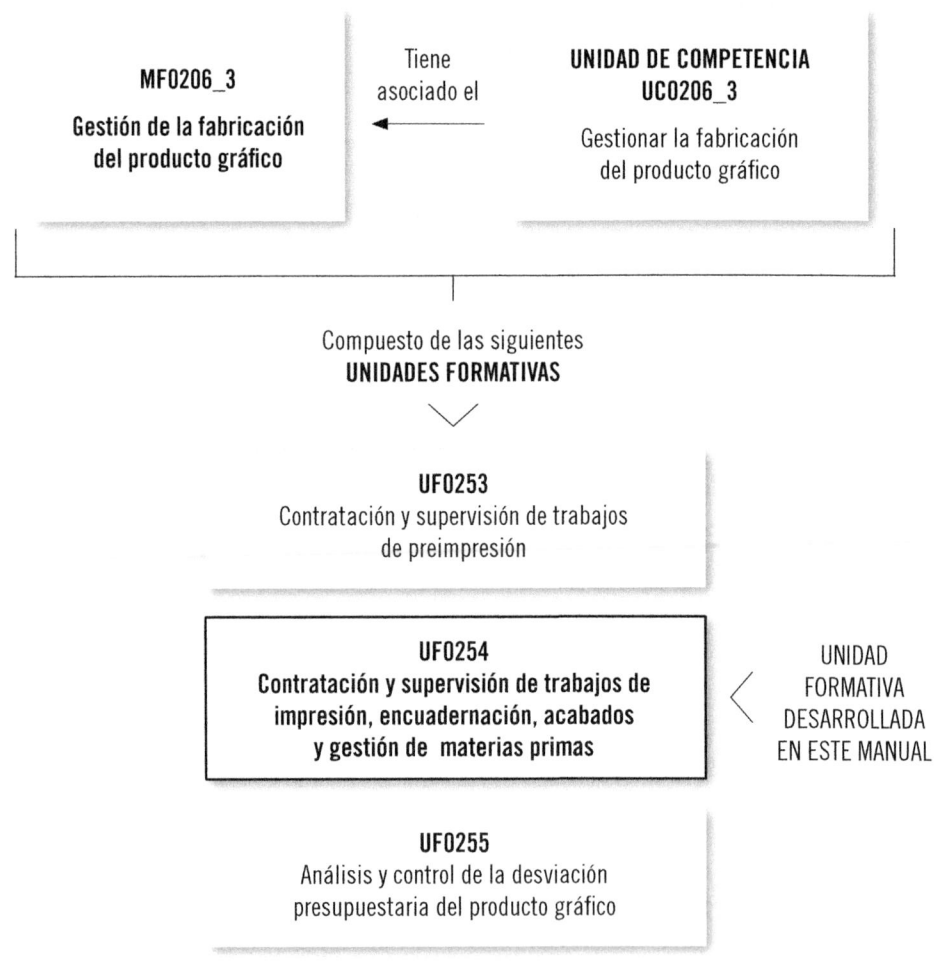

MF0206_3

Gestión de la fabricación del producto gráfico

Tiene asociado el

UNIDAD DE COMPETENCIA UC0206_3

Gestionar la fabricación del producto gráfico

Compuesto de las siguientes **UNIDADES FORMATIVAS**

UF0253
Contratación y supervisión de trabajos de preimpresión

UF0254
Contratación y supervisión de trabajos de impresión, encuadernación, acabados y gestión de materias primas

UNIDAD FORMATIVA DESARROLLADA EN ESTE MANUAL

UF0255
Análisis y control de la desviación presupuestaria del producto gráfico

FICHA DE CERTIFICADO DE PROFESIONALIDAD

(ARGN0109) PRODUCCIÓN EDITORIAL (R. D. 1213/2009, de 17 de julio)

COMPETENCIA GENERAL: Realizar la planificación y el seguimiento de la producción editorial, teniendo en cuenta los factores de calidad, costes y tiempos.

Cualificación profesional de referencia		Unidades de competencia	Ocupaciones o puestos de trabajo relacionados:
ARG073_3 PRODUCCIÓN EDITORIAL (R. D. 295/2004, de 20 de febrero; anexo LXXIII)	UC0214_3	Planificar la producción a partir del análisis de las especificaciones de los originales	• 3029.028.0 Técnicos en producción editorial • 3073.006.7 Técnicos en control de calidad • Responsable del área de publicaciones • Responsable de aprovisionamiento y contratación de servicios gráficos
	UC0215_3	Controlar la calidad del producto, a partir de las especificaciones editoriales	
	UC0206_3	Gestionar la fabricación del producto gráfico	

Correspondencia con el Catálogo Modular de Formación Profesional

Módulos certificado	Unidades formativas	Horas
MF0204_3: Planificación de la producción editorial	UF0248: Planificación del producto editorial	70
	UF0249: Elaboración del presupuesto	40
MF0205_3: Gestión y control de la calidad	UF0250: Especificaciones de calidad en preimpresión	50
	UF0251: Especificaciones de calidad de la materia prima	40
	UF0252: Especificaciones de calidad en impresión, encuadernación y acabados	60
	UF0253: Contratación y supervisión de trabajos de preimpresión	40
MF0206_3: Gestión de la fabricación del producto gráfico	UF0254: Contratación y supervisión de trabajos de impresión, encuadernación, acabados y gestión de materias primas	50
	UF0255: Análisis y control de la desviación presupuestaria del producto gráfico	30
MP0060: Módulo de prácticas profesionales no laborales		160

Índice

Capítulo 1

Fases básicas en el proceso de impresión, encuadernación y acabado de productos editoriales

Contenido

1. Introducción

La producción de materiales gráficos es un proceso complejo que abarca desde la planificación inicial hasta los acabados finales, involucrando una variedad de técnicas y tecnologías. Cada tipo de producto gráfico, como carteles, revistas o folletos, requiere de un enfoque específico en función de sus características particulares, lo que hace necesario adaptar las fases de impresión, encuadernación y acabado a las necesidades del proyecto. La elección de los materiales, como el papel y las tintas, y los métodos utilizados, como la impresión *offset* o digital, son decisiones fundamentales que influyen en la calidad y éxito del producto final.

Con la evolución de las tecnologías de preimpresión, impresión y acabados, el proceso de producción gráfica ha experimentado mejoras significativas en precisión, eficiencia y calidad. La incorporación de sistemas avanzados, como el *Computer-to-Plate* (CtP) y la utilización de *software* especializado, permiten una gestión más efectiva de cada etapa, asegurando que el producto final cumpla con los estándares de calidad requeridos y se entregue dentro de los plazos establecidos.

2. Fases y etapas de los procesos impresión, encuadernación y acabado

Los procesos involucrados en la producción de materiales gráficos varían considerablemente dependiendo del tipo de producto. Cada categoría de material gráfico, debido a sus características específicas, precisa un tratamiento diferente. Por ejemplo, un cartel se limita a un simple corte, mientras que otros productos, como una revista, pueden necesitar fases adicionales, como la encuadernación. En otros casos, como en la producción de folletos, puede ser necesario incorporar un proceso de plegado.

Es importante reconocer que, desde la fase inicial de planificación hasta la entrega final, cada elemento que interviene en la producción gráfica puede influir significativamente en el resultado final. La elección del tipo de papel, las tintas y el método de impresión, entre otros factores, son aspectos determinantes que deben ser considerados anticipadamente para asegurar que el producto final cumpla con los estándares de calidad acordados.

Por lo tanto, conocer y entender las distintas fases y procedimientos específicos que se aplican en la producción gráfica es fundamental. No todos los productos atraviesan las mismas etapas, y es vital adaptar el proceso a las necesidades específicas de cada proyecto para lograr un resultado satisfactorio.

2.1. Preimpresión

La preimpresión sigue siendo una fase crítica en la producción gráfica, aunque las herramientas y las técnicas han evolucionado significativamente en los últimos años. Actualmente, esta fase no solo implica la preparación de los archivos digitales, sino también la implementación de nuevos estándares y tecnologías que mejoran la precisión y eficiencia del proceso.

Hoy en día, la verificación y el ajuste de textos se realizan utilizando *software* avanzado que permite un control exhaustivo sobre todos los elementos tipográficos. Además de asegurar la coherencia en aspectos como la fuente, el tamaño y la alineación, los programas actuales facilitan la aplicación de estilos y la gestión de contenido fluido, lo que es especialmente útil en publicaciones digitales y adaptables. La capacidad de estos programas para manejar grandes volúmenes de texto y automatizar correcciones ha mejorado la eficiencia, minimizando el riesgo de errores en el producto final.

La optimización de imágenes ha avanzado con la introducción de herramientas que permiten la edición no destructiva y la gestión precisa de perfiles de color. Hoy en día, se sigue utilizando el estándar de 300 ppp para asegurar la nitidez, pero ahora los programas pueden ajustar automáticamente las imágenes para que se adapten a los diferentes perfiles de impresión sin perder calidad. Además, las herramientas actuales como *Adobe Photoshop* o *Affinity Photo* permiten trabajar en modos de color avanzados y hacer correcciones de color en tiempo real, facilitando una previsualización más exacta del resultado final.

Las pruebas de color ahora se realizan con sistemas de gestión de color integrados que garantizan una reproducción precisa de los colores en diferentes dispositivos y medios. Con el uso de espectrofotómetros y *software* de calibración de monitores, es posible asegurar que lo que se ve en pantalla coincida exactamente con lo que se imprimirá. También, la configuración de la trama ha avanzado con la introducción de tecnologías de impresión estocástica que eliminan muchos de los problemas tradicionales asociados con las tramas de puntos, mejorando la calidad en la transición de tonos y la reproducción de detalles finos.

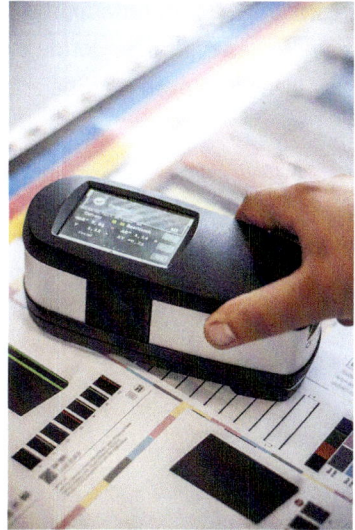

Espectrofotómetro

En los últimos años se ha realizado un cambio hacia herramientas más integradas y colaborativas en el flujo de trabajo de preimpresión:

- *Adobe InDesign* sigue siendo el estándar en la industria, pero con nuevas funciones que permiten una colaboración en tiempo real, integración con servicios en la nube y automatización avanzada para la producción de contenidos multicanal (impreso, digital y web).
- *Affinity Publisher* ha ganado terreno como una alternativa viable, especialmente por su capacidad de trabajar sin problemas en entornos de diseño gráfico y maquetación, y su integración con otras aplicaciones de la *suite Affinity*.
- *Adobe Acrobat Pro DC* ahora ofrece herramientas aún más potentes para la revisión de archivos PDF, incluyendo opciones avanzadas para la comprobación de color y herramientas para la preparación de archivos que cumplen con las normas internacionales de impresión, como PDF/X.

- *Esko Studio* y *Packz* han emergido como herramientas especializadas en la preimpresión de empaques. Ofrecen simulaciones 3D y gestión avanzada de color para asegurar que los diseños se adapten perfectamente a las superficies impresas en distintos materiales.

El proceso de preimpresión ha experimentado una transformación significativa con la adopción de tecnologías digitales, donde sistemas como el *Computer-to-Plate* (CtP) han reemplazado en gran medida a las técnicas tradicionales como la fotomecánica.

Placa digital térmica en el CTP de la imprenta

El CtP permite transferir archivos digitales directamente a las planchas de impresión, eliminando la necesidad de pasos intermedios como la creación de fotolitos. Esta evolución ha hecho que el flujo de trabajo sea más eficiente y directo, mejorando tanto la precisión como la calidad del producto final. Este proceso se compone de varias etapas clave que garantizan que la imagen digital se convierta en un producto impreso de alta calidad:

1. Todo comienza con el diseño gráfico, que se realiza utilizando *software* de edición como *Adobe InDesign, Illustrator* o *QuarkXPress*. Este diseño incluye todos los elementos que se van a imprimir, como texto, imágenes y gráficos.

2. Una vez finalizado, el diseño se guarda en un archivo digital, común-mente en formato PDF/X, que contiene toda la información necesaria para la impresión, incluyendo colores, fuentes y disposiciones.

3. El archivo digital se envía a un *Raster Image Processor* (RIP). El RIP es una herramienta fundamental que convierte la información del archivo digital en un mapa de bits *(bitmap)*. Este *bitmap* es esencialmente una imagen compuesta de puntos, que es la base para la creación de la plancha de impresión.

4. Durante este proceso, el RIP también realiza las separaciones de color necesarias para la impresión en cuatricromía (CMYK) u otros modelos de color que se vayan a utilizar.

5. La imagen procesada se transfiere a una plancha de impresión mediante un dispositivo CtP. Dependiendo del tipo de tecnología, puede utilizarse un láser térmico o violeta.

6. En el caso de las planchas térmicas, el láser calienta selectivamente las áreas de la plancha, lo que provoca un cambio químico que permite que esas áreas acepten tinta durante la impresión. Las planchas violetas, por otro lado, utilizan un láser violeta para exponer la plancha, que luego puede requerir un proceso de revelado químico.

7. Algunas planchas, después de ser expuestas, requieren de un proceso de revelado para eliminar el recubrimiento no expuesto. Este revelado se realiza con productos químicos específicos. Sin embargo, en las tec-nologías más avanzadas, se utilizan planchas sin procesado químico, lo que simplifica el proceso y reduce el impacto ambiental.

8. Una vez preparada, la plancha se monta en la prensa de impresión. Du-rante la impresión *offset,* las áreas de la plancha que han sido expuestas aceptan tinta y repelen agua, mientras que las áreas no expuestas hacen lo contrario. Esto permite que la tinta se transfiera de la plancha a un cilindro de caucho y luego al sustrato, que puede ser papel, cartón u otro material.

9. La prensa de impresión utiliza la plancha para transferir la imagen al sustrato. Este proceso es muy eficiente, permite la producción de gran-des volúmenes de material impreso con alta precisión y consistencia.

 Nota

Dentro del proceso CtP, uno de los aspectos esenciales es la imposición, que es la disposición de las páginas en la plancha de impresión. Aquí es donde entran en juego los conceptos de casado regular e irregular:

I Casado regular: se refiere a la disposición simétrica y estándar de las páginas en la plancha. Esto facilita el proceso de impresión y encuadernación, ya que las páginas se organizan de tal manera que, después de la impresión y el doblado, quedan en el orden correcto. Por ejemplo:

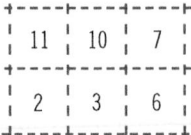

Este ejemplo representa un díptico con 4 páginas. Las páginas 4 y 1 están en la parte superior de la hoja, y las páginas 2 y 3 en la parte inferior.
Al doblar la hoja por la mitad, las páginas quedan en el orden correcto: 1, 2, 3, 4.

I Casado irregular: se utiliza cuando el diseño requiere una disposición asimétrica o no estándar de las páginas, debido a variaciones en el formato o el número de páginas. Este tipo de casado es más complejo, pero el CtP permite manejarlo con precisión, asegurando que la imposición irregular se traduzca en un producto final bien impreso. Por ejemplo:

```
+----+----+----+
| 11 | 10 | 7  |
+----+----+----+
| 2  | 3  | 6  |
+----+----+----+
```

Este ejemplo muestra una disposición para 12 páginas. Las páginas están organizadas de manera no simétrica. Es necesario un volteo específico (volteo normal) durante la imresión para asegurarse de que, después del plegado, las páginas queden en el orden correcto.

 **Actividades**

1. ¿Cómo ha influido la tecnología *Computer-to-Plate* (CtP) en la eficiencia y calidad del proceso de preimpresión? ¿Qué papel juega el RIP en este proceso?
2. Describa cómo un diseñador gráfico podría utilizar las herramientas avanzadas de preimpresión, como *Adobe InDesign* y *Esko Studio,* para asegurar una reproducción precisa del color y la correcta imposición en un proyecto de empaques.

2.2. Impresión

La impresión es la fase en la cual el contenido preparado se transfiere a un soporte físico. Los sistemas de impresión son métodos y tecnologías utilizados para transferir imágenes, texto o gráficos a un sustrato, como papel, cartón, tela, plástico y/o metal, entre otros. Existen varios tipos de sistemas de impresión, cada uno con sus características, ventajas y aplicaciones específicas. A continuación, se describen los principales sistemas de impresión.

Offset

En la impresión *offset,* el proceso comienza en el cilindro de ilustración, que contiene la plancha de impresión preparada con la imagen deseada. Esta plancha es tratada de manera que las áreas que deben recibir tinta la acepten, mientras que las áreas que deben permanecer en blanco rechazan el agua.

Para asegurar que solo las áreas correctas se impriman, los rodillos mojadores aplican una fina capa de agua sobre la plancha en el cilindro de ilustración. El agua cubre las áreas no impresas, evitando que la tinta se adhiera a ellas. A continuación, los rodillos entintadores depositan la tinta sobre la plancha. Esta tinta, al ser oleosa, se adhiere únicamente a las partes de la plancha que no están cubiertas por agua, es decir, a las áreas de imagen.

Una vez que la tinta está en su lugar, la imagen se transfiere del cilindro de ilustración al cilindro de *offset.* Este cilindro, cubierto por una manta de caucho, recibe la imagen entintada y se prepara para transferirla al papel.

Finalmente, el papel pasa entre el cilindro de *offset* y el cilindro de contraimpresión, que aplica la presión necesaria para asegurar que la imagen se transfiera de manera uniforme y precisa al papel.

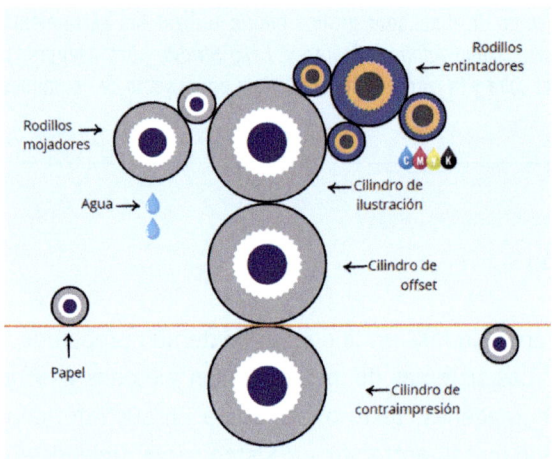

Ilustración del proceso de impresión offset

La calidad de impresión obtenida mediante este proceso es muy alta, especialmente en la reproducción de colores, lo que lo hace ideal para grandes volúmenes de producción como libros, revistas y material publicitario. Sin embargo, la preparación de las planchas y la configuración de la máquina representan un costo significativo, lo que hace que esta opción sea más rentable para grandes tiradas, ahí el coste por unidad disminuye considerablemente. La velocidad de impresión es alta una vez que la máquina está configurada, pero la flexibilidad es limitada debido a la necesidad de ajustar las planchas y la configuración para cualquier cambio.

Impresión digital

En la impresión digital, los datos se envían directamente desde un archivo digital a la impresora, sin necesidad de crear planchas. Las impresoras digitales pueden ser de inyección de tinta o láser. En el caso de la inyección de tinta, diminutas gotas de tinta se expulsan sobre el material seleccionado, mientras que las impresoras láser utilizan un rayo láser para transferir el tóner al sustrato.

Este proceso es rápido y altamente flexible, permite realizar modificaciones de última hora y personalizar cada impresión individualmente. Es ideal para tiradas pequeñas y proyectos que requieren de una rápida respuesta, como folletos promocionales, tarjetas de visita y materiales personalizados. Aunque la calidad de impresión es generalmente buena y adecuada para la mayoría de los proyectos, puede no alcanzar la precisión de color que ofrece el *offset* en tiradas extremadamente grandes.

La impresión digital es más económica para tiradas cortas o personalizadas, pero el costo por unidad tiende a ser más alto en comparación con la impresión *offset* cuando se manejan grandes volúmenes. Además, aunque es adecuada para una amplia variedad de sustratos, puede tener limitaciones al trabajar con materiales más especializados o texturizados. Es perfecta para trabajos que requieren personalización y cambios rápidos, pero menos rentable y con posible variabilidad en la calidad para producciones a gran escala.

Impresión flexográfica

El proceso de impresión flexográfica es el siguiente:

a. Primero, se preparan planchas flexibles de goma o polímero con las áreas de impresión elevadas. Estas planchas se montan en cilindros de impresión.
b. Luego, se utiliza tinta de secado rápido y baja viscosidad, lo que permite su transferencia eficiente desde la plancha al sustrato. Un rodillo anilox, que es un cilindro grabado con pequeñas celdas, recoge la tinta y la transfiere a la plancha, controlando así la cantidad de tinta aplicada.
c. Posteriormente, la plancha transfiere la tinta al sustrato, que puede ser papel, plástico, metal u otro material.
d. Finalmente, la tinta se seca rápidamente gracias a su baja viscosidad y al uso de sistemas de secado, como lámparas UV o aire caliente.

Sabía que...

El rodillo anilox puede tener hasta 1.000.000 de celdas microscópicas por pulgada cuadrada. Estas diminutas celdas controlan la cantidad exacta de tinta que se transfiere a la plancha de impresión, lo que permite una aplicación precisa y consistente de la tinta.

Proceso de impresión flexográfica

Este método es ideal para la impresión de embalajes, etiquetas, bolsas de plástico, papel de regalo y envases flexibles. La flexografía ofrece alta velocidad de producción, la capacidad de imprimir en una amplia gama de sustratos y buena calidad de impresión en materiales flexibles. Es especialmente rentable para grandes tiradas. Además, ofrece una alta resistencia a la humedad.

Impresión en huecograbado

El proceso de impresión en huecograbado es el siguiente:

a. Primero, los cilindros de huecograbado se graban con celdas diminutas que contienen la tinta. La profundidad de estas celdas determina la cantidad de tinta transferida y, por lo tanto, la densidad de la imagen. Se utiliza tinta líquida de baja viscosidad y el cilindro gira en un baño de tinta, llenando las celdas grabadas.

b. A continuación, un Doctor Blade (una cuchilla metálica) raspa el exceso de tinta de la superficie del cilindro, dejando tinta solo en las celdas grabadas.

c. Luego, el sustrato (papel, plástico, etc.) se presiona contra el cilindro de impresión, transfiriendo la tinta de las celdas al sustrato.

d. Finalmente, la tinta se seca, generalmente con sistemas de secado por aire caliente.

 Definición

Doctor Blade
Herramienta utilizada para eliminar el exceso de tinta de una superficie, generalmente de un cilindro.

Proceso de impresión en huecograbado

Este sistema es ampliamente utilizado en la impresión de empaques de alta calidad, revistas, billetes, sellos postales y láminas decorativas. El huecograbado ofrece una excelente calidad de impresión, es ideal para tiradas extremadamente largas y permite una uniformidad excepcional en la reproducción de imágenes.

Impresión serigráfica (serigrafía)

El proceso de impresión serigráfica es el siguiente:

a. Primero, se prepara una malla tensada sobre un marco, generalmente hecha de poliéster o seda, y se recubre con una emulsión fotosensible. Se coloca un positivo de la imagen sobre la malla y se expone a la luz. Las áreas expuestas endurecen la emulsión, mientras que las áreas no expuestas se mantienen solubles y se lavan, creando un estarcido.

b. Luego, se aplica la tinta en la parte superior de la malla. Un rasero *(squeegee)* se utiliza para empujar la tinta a través de las áreas abiertas de la malla, depositándola sobre el sustrato.

c. Finalmente, la tinta, que es generalmente espesa y de secado lento, se seca utilizando sistemas de secado por aire o calor.

Proceso de impresión serigráfica

La serigrafía es especialmente versátil, permite imprimir sobre textiles (camisetas, sudaderas), carteles, etiquetas, vidrio, cerámica y productos promocionales. Este método permite aplicar tintas especiales y crear efectos texturizados.

Impresión tipográfica

El proceso de impresión tipográfica es el siguiente:

a. Se utilizan tipos móviles individuales, generalmente hechos de metal o madera, que se ensamblan para formar palabras y líneas de texto. Estos tipos se colocan en un marco y se aseguran para la impresión.
b. Luego, un rodillo aplica tinta sobre los tipos en relieve.
c. A continuación, el sustrato (generalmente papel) se presiona contra los tipos entintados, y transfiere la imagen o texto.
d. Finalmente, el material impreso puede secarse o procesarse según sea necesario.

Proceso de impresión en tipográfica

La impresión tipográfica es un método antiguo pero aún valorado en aplicaciones de alta calidad y trabajos artesanales, como invitaciones y tarjetas de presentación. Ofrece una textura única y un relieve en las áreas impresas.

Impresión por sublimación

El proceso de impresión por sublimación es el siguiente:

a. Primero, se imprime una imagen en un papel de transferencia, utilizando tintas especiales de sublimación.

b. Luego, este papel se coloca sobre el sustrato, generalmente un textil o un objeto con un recubrimiento especial.

c. A continuación, se aplica calor (usualmente entre 180 °C y 210 °C) y presión, lo que hace que la tinta se convierta en gas sin pasar por el estado líquido. Este gas penetra en el sustrato y se fusiona con las fibras o la superficie.

d. Finalmente, una vez enfriado, el sustrato muestra una imagen.

Impresora de sublimación (© Fotografía: Itsanan/Shutterstock.com)

La sublimación es ampliamente utilizada en la personalización de ropa, objetos promocionales como tazas y azulejos, y en la decoración de interiores. Este método es apreciado por su durabilidad y la calidad superior de los colores.

Impresión de chorro de tinta (*inkjet*)

El proceso de impresión por chorro de tinta es el siguiente:

a. Primero, la imagen digital se procesa y se divide en pequeños puntos.

b. Luego, una serie de cabezales de impresión con boquillas muy finas expulsan diminutas gotas de tinta sobre el sustrato, que puede ser papel, tela o materiales especializados. Las boquillas pueden expulsar miles de gotas por segundo y la combinación de estas gotas en diferentes tamaños y colores permite crear imágenes en alta resolución. La tinta utilizada puede ser a base de agua, solventes, tintas UV o de sublimación, dependiendo del material y la aplicación.

c. Finalmente, la tinta se seca o se cura, dependiendo del tipo, mediante aire, calor o luz UV.

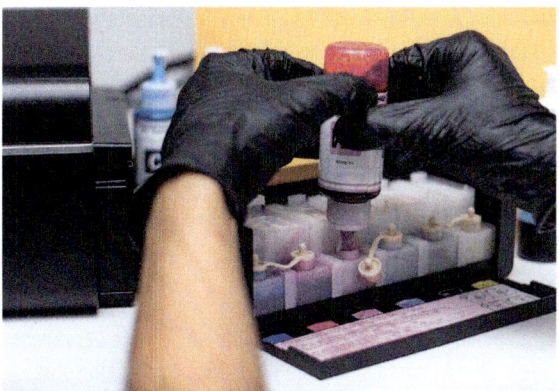

Tanques de tinta de impresora de inyección de tinta

La impresión por chorro de tinta es muy versátil, es utilizada tanto en oficinas como en aplicaciones industriales para la impresión de documentos, fotografía, etiquetas, carteles de gran formato y textiles. Es particularmente valorada por su capacidad de imprimir en una amplia variedad de materiales y por ofrecer alta resolución y precisión en la reproducción de imágenes.

 Aplicación práctica

Imagine que es la persona encargada de elegir el sistema de impresión más adecuado para varios proyectos diferentes en una empresa de producción gráfica. Cada proyecto tiene requisitos específicos en cuanto a volumen, calidad y tipo de sustrato. Seleccione el método de impresión más adecuado para cada proyecto y justifique su elección:

▪ Producción de un libro de arte de alta calidad que se publicará en una tirada limitada, con énfasis en la reproducción precisa de los colores.
▪ Impresión de etiquetas para botellas de plástico que requieren alta durabilidad y resistencia a la humedad.
▪ Fabricación de camisetas personalizadas para un evento corporativo, en las que se necesita una impresión duradera y de alta calidad sobre textiles.

Continúa en página siguiente >>

<< Viene de página anterior

SOLUCIÓN

Libro de arte de alta calidad: impresión *offset*. Ofrece una calidad superior en la reproducción de colores, importante para un libro de arte. Además, aunque el costo de preparación es alto, es ideal para tiradas limitadas donde se busca precisión y durabilidad.

Etiquetas para botellas de plástico: impresión flexográfica. Es perfecta para imprimir en materiales como plástico y ofrece una alta resistencia a la humedad. Su velocidad de producción y capacidad para manejar grandes volúmenes la hacen ideal para este tipo de proyectos.

Camisetas personalizadas: impresión por sublimación. Permite que la tinta penetre en las fibras del tejido, creando una impresión duradera que no se desvanece ni se desgasta fácilmente. Es ideal para la personalización de textiles como camisetas.

2.3. Encuadernación

La encuadernación se refiere al proceso de unir diversas hojas en un conjunto unificado, que comúnmente incluye una tapa de protección. En la encuadernación se agrupan y se unen las hojas impresas para formar el producto final.

En la actualidad, se emplean diversos tipos de encuadernación, cada uno adaptado a distintas clases de publicaciones.

A continuación, se presentan algunos de los más habituales y sus aplicaciones:

- Encuadernación **en rústica (tapa blanda):**

    - Consiste en una cubierta hecha de cartulina o papel grueso, con un lomo que suele estar encolado.
    - Es muy utilizada en libros de bolsillo, novelas, manuales y libros de texto. Es una opción económica y versátil, ideal para grandes tiradas.

Libro encuadernado en tapa blanda

■ Encuadernación en **tapa dura:**

▮ Este tipo de encuadernación utiliza una cubierta rígida de cartón, forrada con materiales como papel, tela o cuero. El lomo puede ser encolado o cosido.

▮ Se emplea en libros de alta calidad, ediciones de lujo, enciclopedias y libros de arte. Ofrece mayor durabilidad y una presentación más sofisticada.

Libro encuadernado en tapa dura

■ Encuadernación en **espiral o canutillo:**

▮ Las páginas son perforadas y se unen mediante una espiral de plástico o metal.

▮ Es común en cuadernos, agendas, m anuales de uso y documentos empresariales. Permite que el libro se abra completamente plano, lo que facilita tanto la escritura como la lectura.

Proceso de encuadernación en espiral

■ Encuadernación con grapas:

▮ Las páginas se pliegan y se sujetan con grapas en el lomo.

▮ Ideal para revistas, fanzines, catálogos y folletos. Es una opción económica y rápida para documentos de pocas páginas.

Libros encuadernados con grapas

■ Encuadernación **en *wire-O*:**

　▮ Similar a la encuadernación en espiral, pero utiliza un doble anillo de metal.

　▮ Se emplea en calendarios, cuadernos y manuales. Ofrece mayor resistencia y un acabado más profesional que la espiral simple.

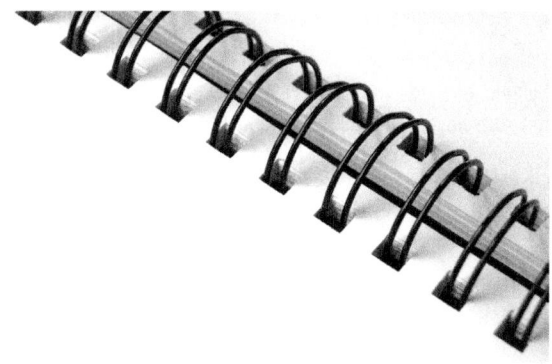

Libros encuadernados en wire-O

 Nota

A diferencia de la encuadernación en espiral simple, el doble anillo de metal del *wire-O* proporciona una mayor estabilidad, evitando que las páginas se desalineen o se suelten con el tiempo.

 Aplicación práctica

Es la persona responsable de la contratación y supervisión de trabajos de impresión para una editorial que está desarrollando tres tipos de publicaciones: una novela de

Continúa en página siguiente >>

<< Viene de página anterior

bolsillo, un manual de usuario para maquinaria industrial y un catálogo de productos de lujo para una marca de moda.

¿Qué tipo de encuadernación recomendaría para cada una de las publicaciones? Justifique su elección considerando la finalidad del producto, la durabilidad requerida y el costo.

SOLUCIÓN

Novela de bolsillo: encuadernación en rústica (tapa blanda). La encuadernación en rústica es ideal para una novela de bolsillo debido a su bajo costo y versatilidad. Este tipo de encuadernación es comúnmente utilizado para libros que se producen en grandes tiradas y que necesitan ser económicos. La tapa blanda es suficiente para proteger el contenido mientras que mantiene el libro ligero y fácil de transportar.

Manual de usuario para maquinaria industrial: encuadernación en espiral o canutillo. Para un manual de usuario, la encuadernación en espiral o canutillo es la más adecuada. Este tipo de encuadernación permite que las páginas se abran completamente planas, lo que facilita la consulta y la escritura mientras se está trabajando con maquinaria. Además, es una opción duradera que soporta bien el uso frecuente en un entorno industrial.

Catálogo de productos de lujo: encuadernación en tapa dura. Un catálogo de productos de lujo requiere de una presentación sofisticada y duradera, por lo que la encuadernación en tapa dura es la mejor opción. Este tipo de encuadernación no solo ofrece una protección superior y una larga vida útil, sino que también realza la imagen de alta calidad de la marca, alineándose con la percepción de lujo que se desea transmitir al cliente.

2.4. Acabados

Por último, los acabados son esenciales para darle al producto un aspecto profesional y atractivo. Son procesos adicionales aplicados a los materiales impresos como libros, revistas o folletos, para mejorar su apariencia, durabilidad y funcionalidad. Estos acabados pueden ser tanto estéticos como protectores y se realizan después de la impresión, durante la fase de postproducción. A continuación, se describen algunos de los acabados más comunes y cómo se llevan a cabo.

Barnizado

El barnizado consiste en aplicar una capa delgada de barniz transparente sobre la superficie impresa. Este acabado puede ser brillante, mate o satinado, dependiendo del efecto deseado.

Libro con barniz brillante (© Fotografía: xhendro / Shutterstock.com)

Para realizar el proceso se aplica el barniz mediante una máquina especial que lo distribuye de manera uniforme sobre el papel. El barniz puede ser curado con luz ultravioleta (UV) para acelerar el secado y mejorar la durabilidad.

Barniz UV selectivo

Este acabado aplica barniz UV solo en áreas específicas del diseño, destacando ciertos elementos como títulos, logos o imágenes.

Para el proceso se utiliza una máquina de impresión que aplica el barniz UV selectivamente sobre el material impreso. Luego, se cura con luz ultravioleta para secar rápidamente y fijar el barniz.

Laminado o plastificado

El laminado o plastificado implica cubrir la superficie del material impreso con una fina película plástica. Este acabado puede ser brillante o mate.

Máquina para laminar documentos con plástico

El proceso se realiza utilizando una máquina laminadora que adhiere la película plástica al papel mediante calor y presión. Este acabado protege el impreso contra la humedad, el desgaste y las manchas.

Encapsulado

El encapsulado es un acabado similar al laminado, pero más grueso. Sella completamente el material impreso dentro de una capa plástica.

Durante el proceso el material impreso se coloca entre dos capas de película plástica y se sella herméticamente, utilizando una máquina de encapsulado, que aplica calor y presión.

Estampado en caliente (*hot stamping*)

El estampado en caliente es un acabado que aplica una lámina metálica, holográfica o de otro tipo sobre el material impreso. Es común en cubiertas de libros, tarjetas de presentación y envases de lujo.

Tarjeta estampada en caliente

Para el proceso se utiliza una máquina de estampado que presiona una lámina de material contra el papel, utilizando un troquel caliente que activa un adhesivo en la lámina para transferir el diseño deseado.

Relieve *(embossing)* y relieve invertido *(debossing)*

El relieve es un acabado que eleva partes del material impreso, creando una textura en la superficie. El relieve invertido o *debossing* hace lo contrario, hundiendo partes del material.

Libro con una parte de relieve invertido

Para el proceso se utilizan dos troqueles, uno macho y otro hembra, que presionan el material impreso para formar el relieve. Este proceso puede realizarse con o sin tinta.

Troquelado

El troquelado es el proceso de cortar o perforar el papel en formas específicas, como ventanas, esquinas redondeadas o figuras decorativas.

Cubierta troquelada (© Fotografía: mega noer cahyani / Shutterstock.com)

Para el proceso se utiliza un troquel, que es una especie de molde afilado, para cortar el material según la forma deseada. El troquel se presiona contra el papel utilizando una máquina de troquelado.

Cosido o encuadernación a caballete

En lugar de un acabado superficial, este es un acabado estructural. Consiste en coser las páginas del libro en su centro o lomo, o bien utilizando grapas para unir las hojas.

Proceso de encuadernación a caballete

En el cosido a caballete, las hojas se pliegan por el centro y se unen con grapas o hilo en la línea de pliegue. Es común en revistas, catálogos y folletos.

Plegado

El plegado es un proceso en el cual el material impreso se dobla de una manera específica para formar pliegues y crear folletos, mapas o material publicitario.

El proceso se realiza en máquinas plegadoras que pliegan el papel según las líneas establecidas en el diseño, creando diferentes tipos de pliegues como plegado en acordeón, plegado en ventana o plegado en cruz.

 Sabía que...

Las máquinas plegadoras modernas pueden realizar hasta 30.000 pliegues por hora. Aseguran una precisión milimétrica en cada doblez.

 Aplicación práctica

Como parte del equipo de producción en una imprenta, le han asignado la tarea de supervisar un proyecto para un cliente que necesita imprimir y finalizar un catálogo de alta gama para una marca de lujo.

El cliente ha solicitado que tenga acabados que no solo sean visualmente atractivos, sino que también mejoren la durabilidad y funcionalidad del material impreso.

Identifique y describa el tipo de acabado que recomendaría, explicando cómo este cumple con las necesidades estéticas y funcionales del proyecto.

Continúa en página siguiente >>

<< Viene de página anterior

SOLUCIÓN

Utilizaría el estampado en caliente *(hot stamping)*, ideal para el catálogo de una marca de lujo, porque permite aplicar láminas metálicas o holográficas sobre el material impreso, lo que le otorga un aspecto sofisticado y exclusivo. Este acabado es perfecto para resaltar el logo o los títulos en la portada.

---

3. Máquinas y equipos de impresión, encuadernación y acabados

En el ámbito de la impresión y la producción editorial, se utilizan diversos tipos de máquinas y equipos diseñados para realizar las diferentes etapas del proceso, desde la transferencia de contenido al sustrato hasta la encuadernación y los acabados.

Cada uno de estos equipos desempeña un papel específico y está adaptado para manejar distintos volúmenes de trabajo, materiales y tipos de proyectos.

3.1. Preimpresión

En el proceso de preparación para la impresión, las impresoras láser son fundamentales. Estas utilizan un rayo láser para dibujar imágenes y texto sobre un tambor fotosensible. Este tambor atrae el tóner, que se adhiere en las áreas previamente marcadas por el láser, para luego transferirse al papel y fijarse mediante calor. Este método es especialmente útil para revisar la composición y los elementos gráficos de un diseño, aunque no es ideal para evaluar la precisión del color en imágenes complejas.

Las impresoras de inyección de tinta, por su parte, son esenciales para realizar pruebas de color. Funcionan expulsando pequeñas gotas de tinta a través de boquillas finas, formando imágenes detalladas directamente sobre el papel. Este proceso permite asegurar que los colores se reproduzcan fielmente en la impresión final.

La filmadora de fotolito convierte el diseño digital en una lámina transparente llamada fotolito, utilizando luz para exponer áreas específicas y crear una imagen negativa. Estos fotolitos son esenciales en métodos de impresión tradicionales como el *offset,* donde se utilizan para preparar las planchas que transferirán la imagen al papel.

También es clave la insoladora, que utiliza luz ultravioleta (UV) para exponer planchas recubiertas con material fotosensible. La exposición a la luz endurece las áreas seleccionadas, creando la imagen que se imprimirá posteriormente. Este paso es fundamental para asegurar que las planchas estén correctamente preparadas para transferir la imagen durante la impresión.

Mesa insoladora

Las impresoras de sublimación permiten la creación de pruebas digitales mediante la transferencia de tinta sólida a gas, que luego se adhiere a materiales como papel fotográfico o textiles. Este método garantiza imágenes duraderas y de alta calidad, perfectas para verificar la fidelidad de color y los detalles antes de la producción final.

Impresora de sublimación

Por último, las máquinas directo a placa (CtP) graban directamente las imágenes en las planchas de impresión desde archivos digitales. Este proceso elimina la necesidad de fotolitos. Esto permite una preparación más precisa y eficiente de las planchas, lo que mejora la calidad y reduce los costes en la producción gráfica.

Impresión

Las máquinas de impresión varían según el tipo de tecnología empleada:

- **Prensas *offset*:** estas máquinas utilizan planchas metálicas que transfieren la imagen a una manta de caucho, la cual luego transfiere la imagen al papel.

Máquina de impresión Heidelberg Speedmaster, conocida por su precisión y capacidad de producción en masa. (© Fotografía: Adityo B Hardoyo / Shutterstock.com)

- **Impresoras digitales:** las impresoras digitales, como las de inyección de tinta *(inkjet)* o láser, reciben directamente los datos digitales y los imprimen sobre el material deseado.
- **Prensas flexográficas:** estas máquinas están diseñadas para imprimir sobre una variedad de sustratos, incluidos plásticos y cartones. Utilizan planchas flexibles y tintas de secado rápido.
- **Prensas de huecograbado:** las máquinas de huecograbado son utilizadas para tiradas extremadamente largas, especialmente en la impresión de empaques de alta calidad, revistas y billetes.

Encuadernación

La encuadernación requiere de equipos específicos, que varían según el tipo de encuadernación deseada:

- **Máquinas de encuadernación en rústica (tapa blanda):** estas máquinas encolan las páginas al lomo de la cubierta de cartulina. Ejemplos como la máquina Kolbus Perfect Binder son comunes en la producción de libros de bolsillo y manuales.
- **Máquinas de encuadernación en tapa dura:** estos equipos ensamblan cubiertas rígidas y cosen o pegan las páginas al lomo.
- **Máquinas de encuadernación en espiral y *wire-O:*** utilizadas para perforar las páginas y unirlas mediante espirales de plástico o metal, estas máquinas son esenciales para cuadernos y calendarios.

Máquina de encuadernación

■ **Máquinas de encuadernación con grapas:** estas máquinas pliegan y grapan los documentos en el lomo, adecuadas para folletos y revistas.

Acabados

Los acabados requieren de maquinaria especializada para mejorar la apariencia y funcionalidad del material impreso:

■ **Laminadoras:** utilizadas para aplicar películas plásticas sobre la superficie impresa para proteger el material contra el desgaste.

■ **Máquinas de estampado en caliente** *(hot stamping):* estos equipos aplican láminas metálicas u holográficas sobre el material impreso mediante presión y calor.

■ **Prensas de relieve** *(embossing)* **y relieve invertido** *(debossing):* estas prensas utilizan troqueles para crear texturas elevadas o hundidas en el material impreso.

■ **Troqueladoras:** estas máquinas cortan o perforan el papel en formas específicas.

■ **Máquinas de encapsulado:** sellan el material impreso dentro de una capa plástica más gruesa que el laminado convencional.

? Sabía que...

En el caso del estampado en caliente, la presión y el calor utilizados para aplicar láminas metálicas pueden alcanzar temperaturas de hasta 200 °C, lo que asegura que el diseño se adhiera perfectamente al papel, creando un efecto visual y táctil único.

Actividades

3. ¿Cuál es la función principal de las impresoras láser y de inyección de tinta en la fase de preimpresión? ¿Cómo contribuyen al proceso de producción editorial?
4. Describa cómo una prensa *offset* y una máquina de encuadernación en rústica trabajan en conjunto para producir un libro de alta calidad, desde la impresión hasta el ensamblaje final.

4. Flujo de materiales y productos

El flujo de materiales y productos en un proceso de producción editorial es un aspecto clave para asegurar la eficiencia y la calidad del producto final. Este flujo abarca desde la llegada de las materias primas hasta la salida del producto terminado, y cada etapa requiere de una planificación cuidadosa y una coordinación precisa entre los diferentes departamentos involucrados.

En la recepción de **materias primas,** es fundamental que los materiales, como el papel y las tintas, se almacenen en condiciones adecuadas para preservar su calidad. El papel, por ejemplo, debe mantenerse en un ambiente con temperatura y humedad controladas para evitar deformaciones o cambios en sus propiedades.

Una vez que los materiales han sido recibidos y almacenados, el siguiente paso en el flujo es la preparación para la **impresión.** Aquí, el papel se corta y se acondiciona según las especificaciones del proyecto. En esta fase, es fundamental utilizar equipos de corte precisos para evitar desperdicios y garantizar que las hojas estén listas para la impresión. El operador debe configurar la guillotina o la cizalla, asegurándose de que las dimensiones sean exactas para que coincidan con los requisitos del proyecto.

Maquina de cortar (guillotina) de un taller de impresión

Durante el **proceso de impresión,** el papel preparado pasa por la máquina de impresión, donde se aplica la tinta de acuerdo con el diseño preestablecido. La velocidad y la precisión de la impresión son aspectos críticos que dependen de la correcta configuración de la máquina y del control constante durante la operación. El flujo aquí implica la alimentación continua de papel en la impresora, así como la monitorización de la calidad de impresión para detectar y corregir cualquier defecto de inmediato.

Tras la impresión, el material impreso se traslada a la zona de encuadernación. Aquí, las hojas se organizan y se agrupan según el tipo de encuadernación que se va a realizar, ya sea rústica, en tapa dura u otro formato.

Una vez encuadernado, el producto pasa a la etapa de acabados, donde se aplican los últimos detalles, como laminados, troquelados o estampados en caliente. El flujo de materiales en esta fase debe ser continuo y sin interrupciones, para evitar cuellos de botella que puedan retrasar la entrega del producto final.

Por último, el **producto terminado** se dirige a la zona de embalaje y distribución. Aquí, se empaqueta de acuerdo con las especificaciones del cliente y se prepara para su envío.

La tabla que se presenta a continuación expone los materiales y productos esenciales para cada tipo de proceso de impresión, encuadernación y acabado, junto con una breve descripción de su función en cada etapa del proceso:

Tipo de proceso	Material o producto	Descripción
Impresión *offset*	Planchas de aluminio	Material utilizado para la transferencia de la imagen en la impresión *offset*
	Tinta oleosa	Tinta que se adhiere a la plancha de impresión y se transfiere al papel
	Papel o cartón	Superficie sobre la que se imprime la imagen
Impresión digital	Tinta a base de agua, solventes o UV	Tintas utilizadas para diferentes tipos de impresión digital
	Sustratos variados (papel, cartón, etc.)	Superficies donde se aplica la impresión digital
Impresión flexográfica	Planchas de goma o polímero	Material flexible que se utiliza para crear la plancha de impresión
	Tinta de secado rápido	Tinta que se seca rápidamente, adecuada para flexografía
	Sustratos (papel, plástico, metal, etc.)	Diversos materiales que pueden ser impresos con flexografía
Impresión en huccograbado	Cilindros grabados	Cilindros con celdas grabadas para contener la tinta en huecograbado
	Tinta líquida de baja viscosidad	Tinta de baja viscosidad utilizada en el proceso de huecograbado
	Sustratos (papel, plástico)	Materiales como papel y plástico que se imprimen mediante huecograbado
Impresión serigráfica	Malla de poliéster o seda	Material tensado sobre un marco para crear el estarcido en serigrafía
	Tinta espesa de secado lento	Tinta densa que se aplica a través de la malla en la serigrafía
	Sustratos (textiles, vidrio, cerámica)	Diversos materiales sobre los que se puede aplicar la impresión serigráfica

Continúa en página siguiente >>

<< Viene de página anterior

Tipo de proceso	Material o producto	Descripción
Impresión tipográfica	Tipos móviles de metal o madera	Letras y caracteres individuales utilizados en impresión tipográfica
	Papel	Material sobre el cual se imprimen los tipos móviles
Impresión por sublimación	Tinta de sublimación	Tinta especial que se convierte en gas al aplicarle calor
	Papel de transferencia	Papel especial que transfiere la tinta de sublimación al sustrato
Impresión de chorro de tinta (inkjet)	Tinta a base de agua, solventes, UV o sublimación	Tintas expulsadas en diminutas gotas para formar la imagen
	Sustratos (papel, tela, plástico)	Materiales como papel, tela o plástico que se utilizan en impresión *inkjet*
Encuadernación	Cartulina o papel grueso	Materiales utilizados para crear la cubierta del libro en encuadernación rústica
	Cartón rígido	Material rígido utilizado en encuadernación en tapa dura
	Espirales de plástico o metal	Materiales que unen las páginas en encuadernación en espiral o *wire-O*
	Grapas, hilo de encuadernación	Materiales que unen las hojas impresas en el lomo de los libros
Acabados	Barnices transparentes	Recubrimiento que protege la superficie impresa y mejora su apariencia
	Películas plásticas para laminado	Material utilizado para laminar y proteger el impreso
	Láminas metálicas o holográficas	Láminas utilizadas en procesos de estampado en caliente para decoración
	Troqueles	Moldes afilados que cortan o perforan el material impreso
	Papeles texturizados	Materiales especiales que añaden textura a la superficie impresa
	Cintas de transferencia térmica	Cintas utilizadas en procesos de sublimación para personalización de productos

Actividades

5. ¿Por qué es importante mantener un flujo continuo y sin interrupciones durante la fase de acabados en la producción editorial? ¿Qué consecuencias podrían derivarse de un flujo interrumpido?
6. Investigue cómo la gestión eficiente del flujo de materiales y productos, desde la recepción de materias primas hasta la distribución final, impacta sobre la calidad y los tiempos de entrega en la producción editorial. Proporcione ejemplos de buenas prácticas en la industria.

5. Evaluación de los tiempos

La evaluación de los tiempos en el proceso de producción editorial es fundamental para garantizar la eficiencia y cumplir con los plazos establecidos. Este análisis permite identificar cuánto tiempo se debe dedicar a cada fase del proceso, desde la preimpresión hasta los acabados, y cómo optimizar el uso de los recursos para evitar demoras innecesarias.

En la fase de **preimpresión** es necesario calcular el tiempo requerido para la preparación de los archivos digitales. Esto incluye la maquetación, la corrección de pruebas y la preparación de las planchas o configuraciones para la impresión digital.

Ejemplo

El uso de *software* como *Adobe InDesign* permite automatizar ciertos procesos, como la generación de índices o la colocación de imágenes, lo que puede reducir significativamente el tiempo de preparación. Sin embargo, es esencial reservar tiempo suficiente para las revisiones y ajustes de color, especialmente si se trata de un proyecto con requisitos de alta calidad.

Durante la **impresión,** el tiempo se evalúa en función del volumen de trabajo y del tipo de tecnología utilizada. En el caso de la impresión *offset,* el tiempo de preparación de las planchas y el ajuste inicial de la máquina puede ser considerable, especialmente para trabajos que requieren de varios colores. Sin embargo, una vez ajustada, la velocidad de impresión es alta, lo que compensa el tiempo inicial invertido. Es recomendable realizar un cálculo detallado de la cantidad de hojas que se pueden imprimir por hora, considerando también el tiempo necesario para cambiar planchas, tintas o realizar ajustes de registro.

En la impresión digital, los tiempos son más flexibles, ya que no es necesario preparar planchas; sin embargo, se debe considerar el tiempo de procesamiento digital de los archivos, especialmente si el proyecto incluye una gran cantidad de datos variables, como en la personalización de catálogos o folletos. Además, es importante evaluar el tiempo de impresión por unidad: aunque es más lento que en la impresión *offset,* permite una mayor flexibilidad en tiradas cortas.

La **encuadernación** requiere de una evaluación cuidadosa del tiempo, ya que es una fase que involucra múltiples etapas como el plegado, el cosido o el pegado y el montaje final del producto.

 Ejemplo

En la encuadernación rústica, se debe calcular el tiempo para que el adhesivo se seque antes de proceder con el corte final y el empaquetado. Si se trata de una encuadernación en tapa dura, el proceso puede incluir tiempos adicionales para el secado de la cola o el ajuste de las cubiertas. Es útil dividir el proceso en subfases y cronometrar cada una para identificar posibles cuellos de botella y áreas donde se pueda mejorar la eficiencia.

En la fase de **acabados,** el tiempo varía según las técnicas utilizadas. El laminado, por ejemplo, es un proceso relativamente rápido, pero se debe considerar el tiempo de enfriamiento antes de manipular los productos. El estampado en caliente, que incluye la aplicación de láminas metálicas mediante presión y calor, puede requerir de ajustes finos para cada nuevo diseño, lo que influye en el tiempo total de producción. Es importante que los operadores tengan una estimación clara del tiempo que toma cada tipo de acabado y planifiquen la producción en consecuencia para evitar retrasos.

Por su parte, la logística de distribución también debe considerarse dentro de la evaluación de los tiempos. Esto incluye el tiempo necesario para el embalaje, la organización del transporte y la entrega al cliente final.

 Actividades

7. ¿Cómo influye la fase de preimpresión en la evaluación de los tiempos? ¿Qué herramientas pueden ayudar a reducir el tiempo de preparación de archivos digitales?
8. Describa cómo un gestor de producción podría optimizar los tiempos en la encuadernación rústica, desde el secado del adhesivo hasta el empaquetado final, para asegurar la eficiencia y cumplir con los plazos de entrega.

6. Mantenimiento: planes, organización, aspectos económicos

El mantenimiento de las máquinas y equipos en la industria editorial es un factor esencial para asegurar la continuidad y calidad de la producción. Un buen plan de mantenimiento no solo previene averías inesperadas, sino que también optimiza la vida útil de los equipos y reduce los costes operativos. Para gestionar el mantenimiento de manera eficiente, es necesario establecer planes bien organizados que consideren tanto los aspectos técnicos como los económicos.

El plan de mantenimiento debe incluir tanto el mantenimiento preventivo como el correctivo. El mantenimiento preventivo se enfoca en la revisión periódica y la sustitución de piezas antes de que se produzcan fallos.

Ejemplo

En las máquinas de impresión *offset*, es común realizar revisiones regulares de los cilindros y los rodillos para detectar signos de desgaste. La limpieza de las unidades de entintado y el ajuste de las planchas también son tareas que deben realizarse con frecuencia. Establecer un calendario de mantenimiento, donde se detalle la frecuencia de las revisiones y las tareas específicas, ayuda a prevenir interrupciones en la producción.

En el caso del mantenimiento correctivo, se trata de intervenciones que se realizan cuando ya se ha producido una avería. Aunque el objetivo es minimizar estas situaciones mediante el mantenimiento preventivo, es esencial contar con un protocolo de actuación para reparaciones rápidas. Tener un inventario de piezas de repuesto esenciales y contratos con proveedores que puedan ofrecer asistencia técnica rápida es fundamental para reducir el tiempo de inactividad.

Ejemplo

En una encuadernadora que deja de funcionar debido a un fallo en el sistema de alimentación de papel, disponer de un kit de piezas de repuesto y manuales de reparación específicos puede agilizar la solución del problema.

La organización del mantenimiento requiere de una coordinación efectiva entre los operarios y el personal de mantenimiento. Es recomendable utilizar *software* de gestión de mantenimiento asistido por ordenador (GMAO), que permite programar y registrar todas las actividades de mantenimiento, así como llevar un control de las intervenciones realizadas. Este tipo de *software* facilita la planificación de las revisiones, envía alertas cuando se acercan las fechas de mantenimiento y mantiene un historial de las reparaciones realizadas, lo que es útil para detectar patrones de fallos recurrentes y tomar decisiones informadas sobre la renovación de equipos.

En cuanto a los aspectos económicos, es importante considerar tanto el costo directo de las operaciones de mantenimiento como los costes indirectos asociados con la falta de mantenimiento. El costo directo incluye la mano de obra, las piezas de repuesto y el tiempo de inactividad durante las reparaciones.

Ejemplo

Reemplazar un cilindro en una máquina de impresión *offset* puede ser costoso, pero si se hace de manera planificada el impacto en la producción será menor que si se espera a que el cilindro falle y cause una interrupción inesperada.

Los costes indirectos, por otro lado, se refieren a las pérdidas de producción, el deterioro de la calidad del producto y el posible incumplimiento de plazos debido a fallos en los equipos. Un enfoque proactivo en el mantenimiento ayuda a reducir estos costes, ya que asegura que las máquinas funcionen de manera óptima y se minimicen los tiempos de parada.

Ejemplo

En una impresora digital que imprime catálogos personalizados, un fallo en el sistema de alimentación de tinta puede provocar variaciones en el color que afecten la calidad final del producto. Un mantenimiento regular de los cabezales de impresión y del sistema de suministro de tinta evitará este tipo de problemas.

Aplicación práctica

Imagine que es la persona responsable de mantenimiento en una empresa editorial que utiliza máquinas de impresión *offset* y encuadernadoras. Su objetivo es optimizar el plan de mantenimiento para asegurar la continuidad de la producción y reducir costes operativos:

a. ¿Por qué es esencial incluir tanto el mantenimiento preventivo como el correctivo en el plan de mantenimiento? ¿Cómo contribuye cada uno a la eficiencia de la producción?
b. ¿Qué herramientas o estrategias podría implementar para mejorar la organización del mantenimiento y minimizar los costes directos e indirectos asociados?

SOLUCIÓN

a. El mantenimiento preventivo es esencial porque permite identificar y solucionar problemas antes de que causen fallos, como la revisión periódica de cilindros y rodillos en las máquinas de impresión *offset*. Esto previene interrupciones inesperadas en la producción y optimiza la vida útil de los equipos. Por su parte, el mantenimiento correctivo es importante para resolver fallos inesperados rápidamente, evitando largas paradas. Contar con un protocolo de actuación y un inventario de piezas de repuesto asegura que las reparaciones se realicen de manera eficiente.
b. Las herramientas y estrategias para mejorar la organización del mantenimiento son:

- *Software* de gestión de mantenimiento asistido por ordenador (GMAO): implementar un GMAO permite programar y registrar actividades de mantenimiento, recibir alertas para tareas programadas y llevar un control detallado de las intervenciones. Esto facilita la planificación, reduce tiempos de inactividad y ayuda a tomar decisiones informadas sobre cuándo reemplazar equipos.
- Planificación y gestión de repuestos: tener un inventario bien gestionado de piezas críticas y contratos con proveedores que ofrezcan soporte técnico rápido minimiza tanto los costes directos como los indirectos, al reducir el tiempo de inactividad y mantener la calidad de producción constante.

Actividades

9. ¿Cuál es la diferencia entre el mantenimiento preventivo y el correctivo? ¿Por qué es importante contar con ambos en un plan de mantenimiento en la industria editorial?
10. Investigue cómo el uso de *software* de gestión de mantenimiento asistido por ordenador (GMAO) puede mejorar la organización y eficiencia del mantenimiento en una planta de impresión. Proporcione ejemplos de funciones clave que estos sistemas ofrecen.
11. Describa cómo un plan de mantenimiento preventivo bien ejecutado puede reducir los costes operativos y aumentar la vida útil de las máquinas en una imprenta que utiliza tecnología *offset.*
12. Analice los costes directos e indirectos asociados con el mantenimiento de equipos en la industria editorial. Justifique cómo una planificación adecuada puede minimizar el impacto económico de las averías inesperadas.

7. Recursos humanos

Los recursos humanos no solo se refieren a la cantidad de personal disponible, sino también a la capacitación, organización y motivación del equipo de trabajo. Un enfoque adecuado en la gestión de los recursos humanos impacta directamente en la calidad del producto final y en la optimización de los procesos.

El primer aspecto que considerar es la **capacitación del personal.** En un entorno donde las tecnologías y los métodos de producción evolucionan constantemente, es necesario que los operarios y técnicos estén actualizados con las últimas herramientas y técnicas. Por ejemplo, los operadores de máquinas de impresión *offset* deben estar formados no solo en el manejo de la maquinaria, sino también en la resolución de problemas comunes, como desajustes de color o fallos en el registro. La formación continua puede incluir cursos específicos sobre nuevas tecnologías de impresión digital, mantenimiento preventivo de equipos o técnicas avanzadas de encuadernación.

La **organización del equipo** es otro aspecto clave. En una planta de producción editorial, cada miembro del equipo debe tener funciones y responsabilidades bien definidas. La correcta organización del trabajo permite una fluidez en los procesos y evita interrupciones que puedan afectar los tiempos de producción. Por ejemplo, en una línea de encuadernación, es esencial que haya una comunicación eficiente entre los operarios que manejan las diferentes etapas del proceso, desde el plegado de las hojas hasta la inserción de cubiertas y el corte final. Utilizar herramientas como diagramas de flujo o *software* de gestión de tareas puede ayudar a coordinar las actividades y asegurar que cada tarea se complete a tiempo y con la calidad requerida.

Además, la **motivación** del personal juega un papel importante en la productividad. Un equipo motivado tiende a ser más eficiente, a cometer menos errores y a estar más dispuesto a colaborar en la resolución de problemas. Es recomendable implementar políticas de incentivos que reconozcan el esfuerzo y la dedicación del personal.

 **Ejemplo**

Se pueden establecer bonificaciones por cumplir con los plazos de producción o por mantener altos estándares de calidad en la impresión y encuadernación. También es beneficioso promover un ambiente de trabajo positivo en el que los empleados se sientan valorados y tengan la oportunidad de contribuir con ideas para mejorar los procesos.

En una editorial, la **estructura organizativa** suele estar dividida en varios departamentos y roles clave que colaboran en la creación y publicación de libros.

Organigrama editorial

Director editorial
Supervisa todas las actividades editoriales, selecciona manuscritos y cooordina departamentos clave como producción, *marketing* y distribución.

Editor
Selecciona manuscritos, negocia contratos con autores, revisa y corrige los textos, y trabaja con otros departamentos para garantizar la calidad final del libro.

Diseñador gráfico
Crea la cubierta del libro y establece la tipografía y el diseño visual del interior.

Maquetador
Organiza el texto y las imágenes en las páginas y prepara los archivos para impresión.

Responsable de producción
Coordina con las imprentas y asegura la calidad de los materiales durante su producción

Responsable de *marketing* y ventas
Diseña estrategias de promoció, organiza eventos, gestiona relaciones públicas y asegura la distribución y venta de los libros

Esquema-organigrama de los roles en un departamento editorial

Actividades

13. ¿Por qué es fundamental la capacitación continua del personal en una planta de producción editorial? ¿Cómo puede esto impactar en la calidad del producto final?
14. Describe cómo un editor de texto y un corrector de pruebas pueden colaborar eficazmente para asegurar que un manuscrito esté listo para impresión. Detalle el flujo de trabajo entre ambos.
15. Investigue cómo la motivación y la organización del equipo de trabajo en una editorial pueden influir en la eficiencia de la producción y la satisfacción del personal. Proporcione ejemplos de prácticas exitosas en la industria.
16. Explore cómo un gestor de proyecto en una editorial puede coordinar de manera efectiva las tareas entre diferentes departamentos, como producción, *marketing* y ventas, para asegurar que un libro sea lanzado con éxito en el mercado.

8. Resumen

El proceso de producción de materiales gráficos varía dependiendo del tipo de producto, ya que cada uno tiene características específicas que requieren tratamientos diferentes. Desde la planificación inicial hasta la entrega final, todos los elementos involucrados, como la elección del papel, las tintas y los métodos de impresión, juegan un papel determinante en el resultado final.

La fase de preimpresión ha evolucionado significativamente con las nuevas tecnologías, facilitando una preparación más precisa y eficiente de los archivos digitales. Algunas herramientas avanzadas permiten un control exhaustivo sobre textos e imágenes, que aseguran la calidad y coherencia del producto final. La implementación de sistemas como *Computer-to-Plate* (CtP) ha reemplazado técnicas tradicionales, mejorando la eficiencia y precisión en la transferencia de archivos digitales a planchas de impresión.

En la fase de impresión, existen diferentes métodos, como *offset,* digital, flexografía, huecograbado, serigrafía y otros, cada uno adecuado para distintos tipos de proyectos y volúmenes de trabajo. La elección del sistema de impresión depende de las necesidades específicas, como la calidad, la tirada y el material que imprimir.

La encuadernación y los acabados son etapas críticas que contribuyen a la durabilidad y estética del producto final. Existen diferentes métodos de encuadernación, desde rústica hasta tapa dura, y cada uno se elige según el tipo de publicación. Los acabados, como barnizados, laminados o estampados en caliente, se aplican para mejorar la apariencia y protección del material impreso, adaptándose a las exigencias del cliente y del proyecto.

La coordinación eficiente de máquinas y equipos, junto con un plan de mantenimiento adecuado, es esencial para asegurar la continuidad y calidad de la producción. La organización y motivación del personal también juegan un papel importante en la optimización de los procesos, pues garantizan que los productos se realicen con la máxima eficiencia y dentro de los plazos establecidos.

Ejercicios de repaso y autoevaluación

1. Defina la fase de preimpresión y explique su importancia en la producción gráfica.

_____

_____

_____

_____

2. Mencione una tecnología avanzada utilizada en la fase de preimpresión.

_____

_____

3. ¿Cuál es el papel del RIP en el proceso de preimpresión?

_____

_____

_____

_____

4. Explique las diferencias entre la impresión *offset* y la impresión digital.

_____

_____

_____

_____

5. ¿Qué sistema de impresión es más adecuado para la producción de etiquetas resistentes a la humedad?

    a. *Offset*
    b. Digital
    c. Flexografía
    d. Huecograbado

6. Describa el proceso de impresión serigráfica y mencione un uso típico de este método.

_____

_____

_____

_____

7. Explique cómo la impresión por sublimación puede ser utilizada para la personalización de productos.

_____

_____

_____

_____

8. ¿Qué tipo de encuadernación recomendaría para un manual técnico que se consulta con frecuencia y por qué?

_____

_____

9. Mencione un acabado que puede mejorar la durabilidad de un catálogo de productos de lujo.

_____

_____

10. ¿Cómo ha impactado el uso de planchas sin procesado químico en la producción gráfica?

_____

_____

11. Explique la diferencia entre el relieve *(embossing)* y el relieve invertido *(debossing)*.

_____

_____

12. ¿Qué tipo de impresión es más adecuado para tiradas extremadamente largas, como la impresión de billetes?

    a. *Offset*
    b. Digital
    c. Huecograbado
    d. Serigrafía

13. Describa cómo un diseñador gráfico puede utilizar *Adobe InDesign* para asegurar la correcta imposición en un proyecto editorial.

_____

_____

_____

_____

14. ¿Qué ventajas ofrece el estampado en caliente para la producción de cubiertas de libros de lujo?

_____

_____

_____

_____

15. Mencione dos tipos de máquinas utilizadas en la encuadernación y su función específica.

_____

_____

_____

_____

Capítulo 2

Contratación de trabajos de impresión, encuadernación y acabado de productos editoriales

Contenido

1. Introducción

La contratación de servicios de impresión, encuadernación y acabado de productos editoriales es la fase en la gestión de proyectos editoriales que asegura que los productos finales cumplan con los estándares de calidad y se entreguen dentro de los plazos acordados. Es esencial seleccionar cuidadosamente a los proveedores y establecer contratos sólidos que abarquen aspectos técnicos, de calidad y legales.

La diversidad de procesos involucrados en la producción editorial, desde la impresión digital y *offset* hasta la encuadernación rústica o en tapa dura, requiere que los gestores de proyectos editoriales comprendan profundamente las capacidades de los proveedores y establezcan contratos que reflejen especificaciones técnicas del producto, las condiciones legales, las de confidencialidad y las de entrega. En este sentido, las normativas de calidad, como las estipuladas por la ISO, desempeñan un papel vital en asegurar que los trabajos se realicen bajo estándares internacionales reconocidos.

La capacidad de los proveedores para cumplir con exigencias como la negociación de contratos, el control de la calidad o los plazos de entrega, entre otras, tienen un impacto directo en la calidad del producto final y en la eficiencia del proceso de producción editorial.

2. Prospección de mercado de proveedores de impresión, encuadernación y acabado

La prospección de mercado es la etapa de búsqueda, evaluación y selección de proveedores que puedan cumplir con las especificaciones técnicas y comerciales de un proyecto editorial. Este proceso garantiza que los productos editoriales se realicen con la calidad requerida, dentro de los plazos acordados y a un coste competitivo.

El primer paso en la prospección de proveedores es realizar una **investigación exhaustiva del mercado** (tendencias actuales, avances tecnológicos en los procesos de impresión y encuadernación, y capacidades de los proveedores en términos de infraestructura, experiencia y especialización). La selección del proveedor adecuado puede depender de diversos factores, como la complejidad del trabajo que realizar, el volumen de producción y la especialización requerida (impresión *offset,* digital y/o flexográfica, entre otras).

Es importante realizar un mapeo detallado de los proveedores disponibles, utilizando fuentes como bases de datos comerciales, asociaciones industriales, ferias del sector gráfico y plataformas en línea especializadas. Además, es recomendable revisar las referencias de trabajos previos y contactar con otros clientes de los proveedores para evaluar su grado de satisfacción.

A continuación, se presenta un ejemplo práctico de cómo una editorial ficticia realizó la prospección y selección de los mejores socios para un proyecto.

Imagina que Editorial Etrix busca lanzar una colección de libros de lujo con tiradas limitadas. Los libros requieren de impresión de alta definición y encuadernación en tapa dura con detalles de lujo, como relieve y tintas especiales. El volumen inicial estimado es de 5.000 uds.:

Investigación del mercado

La investigación reveló las siguientes tendencias actuales en el mercado español de impresión:

- **Impresión offset y digital**: Combinación ideal para tiradas grandes y personalización.
- **Encuadernación de lujo**: Técnicas avanzadas como tapa dura, cosido artesanal, y papeles ecológicos.
- **Tecnologías innovadoras**: Impresión en 3D, tintas metálicas y UV para acabados exclusivos.

Fuentes clave para la investigación: bases de datos comerciales, asociaciones industriales y ferias especializadas como *Graphispag* en Barcelona.

Mapeo de proveedores

Proveedor 1: Imprimity

Especialización: Impresión offset y encuadernación de lujo (tapa dura, grabados).

Infraestructura: Máquinas de impresión offset de gran formato.

Experiencia: 30 años en el mercado, clientes como Editorial IC y Anaya.

Ubicación: Madrid, distribución nacional e internacional.

Proveedor 2: Impresiones creativas

Especialización: Impresión digital personalizada, ideal para tiradas cortas.

Infraestructura: Equipos de última generación para impresión rápida y de calidad.

Experiencia: 10 años, trabajaron con editoriales independientes.

Ubicación: Barcelona, con clientes en toda España.

 **Nota**

En la industria gráfica, eventos como el de Drupa son oportunidades valiosas para conocer las últimas innovaciones en tecnologías de impresión y encuadernación, así como para establecer relaciones comerciales con proveedores líderes del sector.

Una vez recopilada la información inicial, se debe realizar una evaluación detallada de los proveedores basándose en varios criterios. Algunos de los factores más relevantes que considerar son:

- **Calidad del trabajo:** el proveedor debe demostrar experiencia en la producción de trabajos similares a los requeridos, con un control de calidad riguroso y documentado.
- **Costes:** es necesario obtener múltiples ofertas para realizar una comparación económica, sin sacrificar la calidad. Los costes pueden variar considerablemente según los volúmenes de producción y el tipo de tecnología utilizada.
- **Capacidad técnica y de producción:** es importante que el proveedor cuente con las capacidades técnicas adecuadas, como las máquinas y equipos necesarios para el trabajo requerido (impresión *offset,* digital, etc.), y con la capacidad de gestionar el volumen de producción necesario.
- **Plazos de entrega:** la capacidad del proveedor para cumplir con los tiempos acordados es un factor esencial. Un retraso en la producción puede tener un impacto directo en la cadena de distribución y comercialización de los productos editoriales.
- **Reputación y experiencia:** evaluar la trayectoria del proveedor en el mercado es esencial. Los proveedores con amplia experiencia en el sector gráfico suelen ser más confiables y estar mejor preparados para resolver imprevistos.

Siguiendo con el ejemplo, una vez recopilada la información inicial, Editorial Etrix procede a realizar una evaluación detallada de los proveedores potenciales, basándose en los criterios clave:

✓ Calidad del trabajo:
Imprimity tiene experiencia en libros de lujo, con clientes como Editorial IC y Anaya. Control de calidad riguroso.

$ Costes:
Imprimity ofrece precios competitivos para tiradas grandes, mientras que *Impresiones Creativas* es más adecuado para tiradas pequeñas personalizadas.

⚙ Capacidad técnica:
Imprimity maneja grandes volúmenes con impresión offset, mientras que Impresiones Creativas se especializa en personalización con impresión digital.

◷ Plazos de entrega:
Imprimity garantiza entregas rápidas para grandes tiradas, Impresiones Creativas es eficiente para tiradas pequeñas.

♀ Reputación y experiencia:
Imprimity tiene 30 años de experiencia con una sólida reputación en el sector. Impresiones Creativas es conocida por su innovación en proyectos personalizados.

Después de una evaluación exhaustiva, Editorial Etrix decidió trabajar con Imprimity para la producción inicial, ya que cuentan con capacidad para grandes tiradas y ofrecen acabados de lujo. Impresiones Creativas se mantendrá como opción para tiradas personalizadas más pequeñas en futuros proyectos.

 **Nota**

Cuando se evalúan los costes, es importante considerar tanto el precio por unidad como los costes indirectos, la logística de transporte de los productos impresos o el almacenamiento temporal en el proveedor.

Existen varias herramientas y recursos para realizar la prospección de mercado de manera eficiente:

- **Directorios de proveedores:** existen directorios especializados en la industria gráfica que permiten filtrar proveedores por servicios específicos, como impresión *offset,* digital, encuadernación y acabados. Un ejemplo es proveedores.com:

Web de proveedores.com

- **Ferias y exposiciones:** las ferias industriales, como se mencionó anteriormente, son excelentes oportunidades para conocer de primera mano las capacidades de los proveedores. Además de facilitar el contacto directo, permiten ver demostraciones de equipos y tecnologías.
- **Plataformas en línea:** los portales de comparación son útiles para identificar proveedores internacionales y comparar ofertas.

Una vez realizada la preselección, es recomendable realizar visitas *in situ* a los proveedores. Esto sirve para evaluar de primera mano la infraestructura y los procesos del proveedor, asegurando que tienen la capacidad de cumplir con las demandas del proyecto editorial. ¿Qué es común solicitar o revisar durante estas visitas? A continuación se detalla:

1. **Evaluación de la infraestructura y capacidad técnica.** Durante la visita, una de las primeras cosas que se debe revisar es la infraestructura del proveedor. Esto implica observar si cuentan con las máquinas y tecnologías necesarias para realizar el trabajo solicitado. Aquí algunos puntos que se suelen verificar son:

   - Maquinaria de impresión:

     - Es común solicitar que el proveedor muestre las impresoras que utilizarán para el proyecto. Por ejemplo, si el trabajo requiere impresión *offset* o digital de alta calidad, se debe verificar que cuentan con las máquinas adecuadas y que estas están bien mantenidas.

■ ¿La maquinaria está actualizada? Un proveedor que trabaje con máquinas modernas o que estén bien calibradas asegura una mayor precisión y consistencia en la calidad del trabajo.

■ Capacidad de encuadernación:

■ Si el proyecto incluye encuadernación, es esencial asegurarse de que el proveedor cuenta con el equipo adecuado para realizar la encuadernación que se necesita (por ejemplo, encuadernación en tapa dura, cosido o encolado). No es lo mismo encuadernar revistas que libros de lujo, la maquinaria para cada tipo de trabajo es diferente.

2. **Demostración del flujo de trabajo.** Es muy útil pedir una demostración del flujo de trabajo para entender cómo el proveedor gestiona cada fase del proyecto, desde la impresión inicial hasta el acabado final. Esto puede incluir:

■ Demostraciones en vivo de cómo se gestionan las máquinas, cómo se hacen los ajustes de color o cómo se manipulan los materiales, como el papel o las tintas.

■ Explicación de cada etapa: es importante pedir que expliquen qué controles realizan en cada fase para garantizar que se cumplan con los requisitos técnicos. Por ejemplo, si el proyecto requiere colores muy específicos, ¿cómo gestionan el control del color para evitar diferencias entre lotes?

3. **Revisión del control de calidad.** Un buen proveedor no solo imprimirá y encuadernará los productos, sino que también realizará revisiones constantes para asegurarse de que el trabajo cumple con los estándares acordados. Aquí se puede solicitar:

■ Muestras de trabajos anteriores: pedir que muestren trabajos similares al que se está solicitando que hayan realizado antes, y cómo llevaron a cabo las revisiones de calidad en cada fase.

■ Demostración del proceso de inspección: solicitar que muestren cómo inspeccionan los productos impresos. Por ejemplo, ¿realizan inspecciones visuales o utilizan sistemas automáticos para detectar defectos en el papel, los colores o los acabados?

▪ Revisión de controles en cada lote: preguntar cuántos controles de calidad se realizan durante la producción de un lote. Un buen proveedor debe tener varios puntos de inspección para minimizar errores y asegurar consistencia en todos los productos.

4. **Limpieza, organización y mantenimiento.** La limpieza y el mantenimiento de las instalaciones son factores que muchas veces se pasan por alto, pero que tienen un impacto directo en la calidad del trabajo. Durante la visita, es recomendable observar cómo gestionan estos aspectos:

▪ Limpieza del área de trabajo: las instalaciones deben estar limpias y organizadas. Una imprenta o taller de encuadernación que esté desordenado o sucio puede ser un signo de descuido, lo cual podría traducirse en errores en la producción o incluso en daños en los productos.

▪ Mantenimiento de las máquinas: un proveedor responsable mantendrá sus máquinas en óptimas condiciones. Se puede preguntar sobre los planes de mantenimiento preventivo que siguen y revisar si tienen un registro de mantenimiento actualizado. Las máquinas que no se mantienen adecuadamente pueden producir errores en la impresión o fallos en los acabados.

5. **Capacitación y profesionalismo del personal.** Un equipo competente será capaz de utilizar las máquinas correctamente y podrá reaccionar de manera efectiva ante cualquier problema que surja durante la producción. Durante la visita, se pueden solicitar detalles como:

▪ Capacitación continua: preguntar si el personal recibe formación continua, especialmente en el manejo de nuevas tecnologías o maquinaria. Esto es clave si el proyecto requiere de técnicas avanzadas de impresión o encuadernación.

▪ Experiencia previa: es recomendable preguntar sobre la experiencia del personal en proyectos similares. Un equipo con experiencia será capaz de gestionar proyectos más complejos con mayor eficacia y precisión.

6. **Cumplimiento de plazos.** Durante la visita es común solicitar una explicación detallada de cómo gestionan los tiempos de producción. Esto es especialmente importante en proyectos con plazos ajustados. Algunos puntos clave que revisar son:

- Capacidad para cumplir con fechas límite: preguntar cómo gestionan sus proyectos para evitar retrasos. Un proveedor bien organizado debería poder mostrar un cronograma de producción realista y tener la flexibilidad de ajustar los tiempos si fuera necesario.
- Capacidad de respuesta ante imprevistos: preguntar qué procedimientos tienen en caso de problemas técnicos o falta de materias primas. Un buen proveedor debería contar con un plan de contingencia para minimizar cualquier impacto en los plazos.

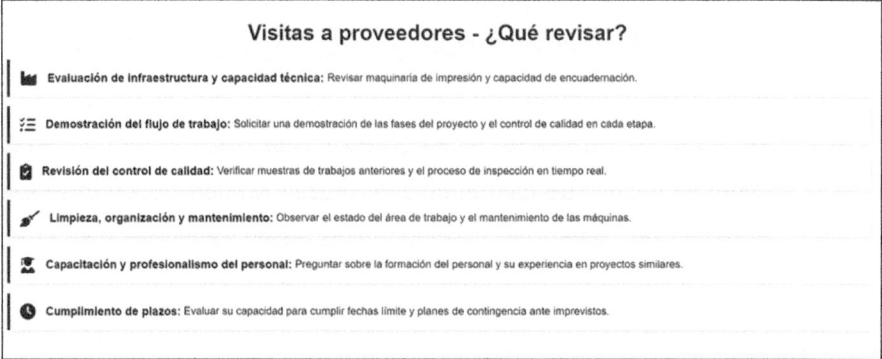

Visitas a proveedores - ¿Qué revisar?

Evaluación de infraestructura y capacidad técnica: Revisar maquinaria de impresión y capacidad de encuadernación.

Demostración del flujo de trabajo: Solicitar una demostración de las fases del proyecto y el control de calidad en cada etapa.

Revisión del control de calidad: Verificar muestras de trabajos anteriores y el proceso de inspección en tiempo real.

Limpieza, organización y mantenimiento: Observar el estado del área de trabajo y el mantenimiento de las máquinas.

Capacitación y profesionalismo del personal: Preguntar sobre la formación del personal y su experiencia en proyectos similares.

Cumplimiento de plazos: Evaluar su capacidad para cumplir fechas límite y planes de contingencia ante imprevistos.

Una vez que se han recopilado las propuestas de los diferentes proveedores, se puede realizar una evaluación comparativa detallada. Esta evaluación debe centrarse en el coste final, en la relación calidad-precio, la capacidad técnica del proveedor y su historial en la industria.

Las negociaciones preliminares deben enfocarse en aclarar aspectos críticos como los plazos de entrega, los mecanismos de control de calidad, los sistemas de penalización por retrasos o productos defectuosos y los términos de pago. Es importante que, en esta etapa, se consideren las posibles fluctuaciones en los precios de las materias primas, como el papel o las tintas, y se establezcan acuerdos para gestionar estos cambios sin que afecte el coste final.

A continuación, se exponen algunos ejemplos de cómo se pueden abordar las negociaciones preliminares:

1. **Plazos de entrega.** Durante las negociaciones, es fundamental establecer plazos de entrega realistas y específicos para evitar malentendidos. Un ejemplo concreto podría ser:

   La editorial necesita que un lote de 5.000 ejemplares de libros esté listo para el 15 de noviembre, ya que la campaña de lanzamiento está programada para esa fecha. El proveedor, después de revisar su capacidad de producción, acuerda que los libros estarán terminados el 10 de noviembre, lo que permite tiempo suficiente para la logística de distribución. Además, ambas partes acuerdan que, si hay algún retraso por parte del proveedor, se aplicará una penalización del 2 % del valor total del contrato por cada día de retraso.

   ¿Qué ocurre si la editorial retrasa la entrega de los archivos finales? En este caso, el contrato también debe contemplar un ajuste en los plazos para proteger al proveedor.

2. **Mecanismos de control de calidad.** Aquí se pueden definir métodos y procedimientos específicos, que ambas partes seguirán para asegurar que el producto final cumpla con los estándares acordados. Por ejemplo:

   La editorial solicita que el proveedor realice una inspección de calidad en cada 500 uds. impresas para asegurarse de que no haya variaciones de color ni errores de impresión. Como parte del acuerdo, se realizan pruebas de impresión (galeradas) antes de empezar la producción en masa, los cuales se comparten con la editorial para su aprobación. Si durante el control de calidad se detectan fallos, el proveedor debe repetir la tirada de ese lote sin coste adicional para la editorial.

   ¿Qué pasa si la editorial no aprueba las galeradas? En este caso, se debe definir cómo y cuándo se realizarán los ajustes sin afectar los plazos de entrega.

3. **Sistemas de penalización por retrasos o productos defectuosos.** Durante las negociaciones, se debe establecer claramente cómo se manejarán los retrasos o los productos defectuosos, y qué tipo de penalizaciones se aplicarán en estos casos. Por ejemplo:

   En caso de que un porcentaje del lote impreso presente defectos significativos (por ejemplo, más del 3 % de los libros impresos tienen fallas de color o encuadernación defectuosa), el proveedor se compromete a reimprimir las copias defectuosas sin coste adicional para la editorial. Si el proveedor no es capaz de cumplir con esta obligación en un plazo razonable (por ejemplo, 10 días hábiles), la editorial tendrá derecho a recibir un descuento del 5 % en el pago total del contrato.

¿Cómo se definirán los productos defectuosos? Es importante acordar criterios claros (errores de color, mal acabado en la encuadernación, etc.) para evitar confusiones.

4. **Términos de pago.** Los términos de pago pueden variar según las políticas del proveedor y las necesidades del cliente. Estos acuerdos son esenciales para garantizar un flujo de trabajo sin problemas. Por ejemplo:

El proveedor solicita un anticipo del 30 % del valor total del proyecto antes de iniciar la producción; el 70 % restante se pagará una vez que los productos estén terminados y entregados a la editorial. Además, se acuerda que, si la editorial paga el 70 % restante en los primeros 10 días tras la entrega, recibirá un descuento del 2 % sobre ese pago final.

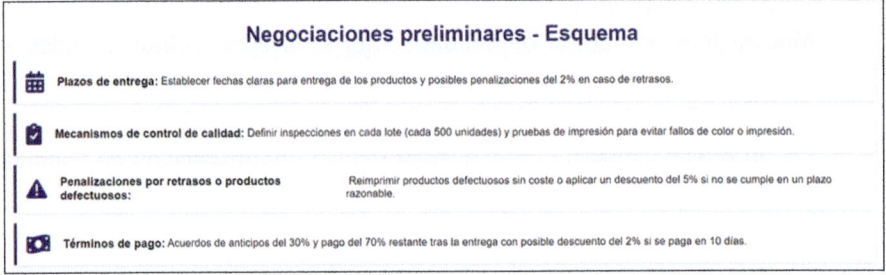

Negociaciones preliminares - Esquema

Plazos de entrega: Establecer fechas claras para entrega de los productos y posibles penalizaciones del 2% en caso de retrasos.

Mecanismos de control de calidad: Definir inspecciones en cada lote (cada 500 unidades) y pruebas de impresión para evitar fallos de color o impresión.

Penalizaciones por retrasos o productos defectuosos: Reimprimir productos defectuosos sin coste o aplicar un descuento del 5% si no se cumple en un plazo razonable.

Términos de pago: Acuerdos de anticipos del 30% y pago del 70% restante tras la entrega con posible descuento del 2% si se paga en 10 días.

¿Qué sucede si la editorial encuentra defectos en el producto durante la entrega? En este caso se debe negociar si el pago final se retendrá hasta que los problemas sean corregidos.

Nota

Al negociar con proveedores internacionales, hay que tener en cuenta los posibles costes asociados con la importación de productos, los tiempos de envío y las barreras arancelarias que puedan afectar la entrega de los productos editoriales.

 ## Actividades

1. ¿Qué factores deben evaluarse al seleccionar un proveedor para un proyecto editorial?
2. Imagine que debe supervisar un proyecto editorial que incluye la impresión de 10.000 catálogos personalizados. Describa cómo realizaría la prospección de proveedores y qué pasos seguiría para garantizar que el proveedor seleccionado cumpla con los plazos y la calidad requerida.
3. ¿Por qué es importante revisar las referencias y trabajos previos de los proveedores?
4. Compare las ventajas de utilizar proveedores locales frente a internacionales en la producción de proyectos editoriales, considerando factores como la capacidad de producción, el coste de transporte y la flexibilidad en los tiempos de entrega.
5. Investigue cómo los avances tecnológicos en la impresión digital y *offset* han cambiado la prospección de proveedores en los últimos cinco años. Proporcione ejemplos de tecnologías que mejoran la calidad o reducen costes.

 ## Aplicación práctica

Imagine que tiene un proyecto que consiste en la producción de una colección de libros educativos destinada a un público general. Estos libros necesitan ser impresos con una calidad adecuada para asegurar la legibilidad de los textos y la claridad de las imágenes, pero no requieren acabados de lujo ni encuadernaciones prémium.

Continúa en página siguiente >>

<< Viene de página anterior

El proyecto requiere de una encuadernación estándar (como encuadernado en rústica o tapa blanda) que sea funcional y resistente, pero sin necesidad de detalles elaborados como el relieve o el estampado. El objetivo es producir los libros de manera rápida y económica, para cumplir con los plazos de distribución previamente establecidos.

Además, el volumen inicial estimado es de 10.000 uds., lo que implica que el proveedor debe poder manejar una producción de tamaño considerable dentro de un plazo de entrega corto. El coste es un factor clave, ya que se busca mantener el proyecto dentro de un presupuesto ajustado para hacer los libros accesibles al mercado.

A continuación, se describen las características de los tres proveedores:

1. Print es una empresa con amplia trayectoria en la industria editorial que se destaca por su habilidad para manejar proyectos de alta calidad que requieren acabados especiales y encuadernación de lujo. Sus servicios incluyen la impresión *offset*, ideal para proyectos que demandan un alto nivel de detalle y precisión. Además, tienen experiencia en aplicar técnicas como el relieve y el estampado en caliente, ofreciendo productos de alto valor estético. Sin embargo, debido a la complejidad de los trabajos que realizan, sus plazos de entrega son generalmente más largos que los de otros proveedores, con tiempos estimados entre 6 y 8 semanas para finalizar los proyectos. Sus costes tienden a ser elevados, lo que refleja la calidad superior de sus acabados y su enfoque en proyectos prémium.

2. Impre se especializa en ofrecer soluciones rápidas y eficientes para aquellos proyectos que requieren de una entrega en tiempo récord. Su fuerte está en la impresión digital, lo que les permite entregar productos en un plazo muy corto, usualmente en menos de dos semanas. Esta rapidez, sin embargo, viene acompañada de ciertas limitaciones en cuanto a la calidad, ya que su enfoque está en la producción masiva y económica más que en proyectos personalizados o de lujo. Los costes de Impre son altamente competitivos, lo que los convierte en una opción atractiva para proyectos con presupuesto ajustado. Sin embargo, no disponen de equipos para realizar acabados complejos como el relieve o la encuadernación de lujo.

3. Etrix es una empresa que se enfoca en ofrecer soluciones creativas y personalizadas para proyectos editoriales. Tienen la capacidad de manejar tanto impresiones digitales como *offset*. Se adaptan a las necesidades del cliente, lo que les permite ofrecer resultados únicos en proyectos que buscan diferenciarse visualmente. Sus tiempos de entrega suelen estar entre 4 y 6 semanas, lo que les permite equilibrar calidad y plazos de entrega razonables. Aunque no están especializados en acabados de lujo, son capaces de manejar proyectos con ciertos detalles y acabados creativos que requieran precisión. Sus costes son moderados, reflejando un equilibrio entre calidad y presupuesto.

Continúa en página siguiente >>

<< Viene de página anterior

¿Qué proveedor sería más adecuado para el proyecto y por qué?

SOLUCIÓN

El proveedor más adecuado para el proyecto sería Impre, ya que el proyecto consiste en la producción de una colección de libros educativos con un enfoque en plazos de entrega cortos y costes competitivos, sin necesidad de acabados de lujo.

En primer lugar, Impre ofrece un plazo de entrega muy rápido, menos de dos semanas. Esto es ideal para cumplir con los tiempos de distribución de los libros educativos, que necesitan estar listos en un plazo corto para ajustarse a las fechas de lanzamiento. Dado que el objetivo es producir los libros de manera rápida y eficiente, esta rapidez en la entrega es un factor clave para elegir este proveedor.

En segundo lugar, los costes que ofrece Impre son altamente competitivos. Para este proyecto educativo, es fundamental mantener los gastos dentro de un presupuesto ajustado, ya que se busca hacer los libros accesibles al mercado. Impre permite producir a un coste bajo sin sacrificar demasiado la calidad, lo que es perfecto para un proyecto que no requiere acabados complejos ni encuadernaciones prémium.

Por último, aunque la calidad de Impre es más adecuada para proyectos masivos y económicos, es suficiente para este tipo de libros educativos. Lo que más se necesita es asegurar la legibilidad de los textos y la claridad de las imágenes, algo que Impre puede lograr con su impresión digital. No es necesario recurrir a proveedores que ofrecen acabados de lujo ni técnicas complejas como el relieve, ya que este tipo de detalles no es necesario en este caso.

---

3. Contratos con proveedores de impresión, encuadernación y acabado de acuerdo con la normativa ISO

Cuando se trata de la contratación de trabajos de impresión, encuadernación y acabado de productos editoriales, es fundamental seguir ciertas normativas que aseguren que el proceso se llevará a cabo de manera eficiente y con un resultado de calidad. Una de las normas más importantes en este ámbito es la normativa ISO, que establece requisitos claros sobre calidad, plazos y otros aspectos clave para garantizar un producto final acorde a las expectativas del cliente. En los siguientes apartados se desglosan cada uno de los puntos más relevantes.

3.1. Especificaciones técnicas del producto

Antes de formalizar cualquier contrato con un proveedor de impresión o encuadernación, es fundamental que las especificaciones técnicas del producto estén completamente definidas. ¿Por qué es tan importante? Porque estas especificaciones van a ser la base para medir si el trabajo entregado cumple con lo que se espera.

¿Qué se incluye en las especificaciones técnicas? Aquí se detallan algunos ejemplos concretos:

- **Tipo de impresión:** puede ser impresión *offset,* digital, flexográfica, etc. Cada una tiene sus ventajas y desventajas, dependiendo del tipo de producto editorial y del volumen de producción:

Tipo de impresión	Ventajas	Desventajas
Impresión *offset*	Alta calidad en grandes tiradas. Buena reproducción de colores.	No es rentable para tiradas pequeñas.
Impresión digital	Económico para tiradas pequeñas. Permite personalización rápida.	Menor calidad en comparación con el *offset* para grandes volúmenes.
Impresión flexográfica	Ideal para empaques y materiales flexibles. Alta velocidad de producción.	No es recomendable para impresión de alta calidad en libros o revistas.

- **Tipo de papel:** la elección del papel es clave. Puede ser papel *couché, offset,* reciclado, estucado, etc. Además, se especifican detalles como el gramaje, que va a influir en el tacto y la durabilidad del producto.

Tipo de papel	Ventajas	Desventajas
Papel *couché*	Tacto suave y acabado brillante. Excelente para catálogos y revistas.	Más caro que el papel reciclado.

Continúa en página siguiente >>

<< Viene de página anterior

Tipo de papel	Ventajas	Desventajas
Papel *offset*	Buena absorción de tinta. Ideal para textos y documentos extensos.	Menos atractivo para impresiones con mucho color.
Papel reciclado	Ecológico y sostenible. Buena calidad para tiradas grandes.	Puede tener una apariencia menos atractiva que otros papeles.

■ **Acabado:** los acabados pueden incluir desde un laminado brillante o mate hasta barnices, troquelados, estampados, etc. Estos detalles son esenciales, sobre todo en productos de lujo o edición especial.

Tipo de acabado	Ventajas	Desventajas
Laminado mate	Da un aspecto elegante y sofisticado. Resistente a huellas.	Puede ser más costoso y no tan llamativo como el laminado brillante.
Laminado brillante	Acabado muy llamativo y atractivo. Ideal para portadas de revistas.	Es más propenso a mostrar huellas y arañazos.
Barniz UV	Protege contra desgaste. Añade brillo extra a las áreas seleccionadas.	Solo se puede aplicar a ciertas áreas y es más costoso.

Es fundamental detallar todas estas características en el contrato para que ambas partes (cliente y proveedor) tengan claro qué se espera del trabajo final. Si el producto no cumple con estas especificaciones, será más sencillo reclamar, ya que se puede comparar el resultado final con lo acordado previamente.

A continuación, se exponen algunos consejos prácticos relacionados con proyectos editoriales:

1. Si el proyecto editorial es de una tirada pequeña, la impresión digital resulta la opción más rentable.
2. Es recomendable solicitar muestras de los papeles y acabados antes de firmar un contrato, para asegurarse de que cumplen con nuestras expectativas.

3. Es importante revisar el gramaje del papel. Un gramaje más alto (por ejemplo, 300 g/m²) será más resistente y adecuado para portadas de libros o productos de lujo.

4. Se sugiere planificar las entregas con tiempo para evitar retrasos. Siempre es recomendable añadir un margen de seguridad en los plazos de producción.

5. Cuando el proyecto requiera encuadernación, es esencial revisar muestras de encuadernación y la durabilidad del pegado o cosido.

6. Es importante tener en cuenta que, aunque la impresión *offset* puede ser más costosa inicialmente, se vuelve rentable para tiradas grandes.

7. Los acabados como el laminado mate o brillante pueden aumentar el atractivo visual del producto editorial, aunque también pueden incrementar el coste.

8. Es fundamental verificar la reputación del proveedor. Se recomienda buscar reseñas o recomendaciones antes de firmar un contrato.

9. Si se busca una opción más ecológica, se puede considerar utilizar papel reciclado o proveedores que ofrezcan opciones sostenibles.

10. Es recomendable revisar cada lote entregado para detectar posibles defectos de impresión o encuadernación a tiempo.

Relación entre especificaciones técnicas del producto y las normas ISO

Las especificaciones técnicas del producto se utilizan para guiar tanto a los proveedores como a los equipos internos en la producción de impresiones, encuadernaciones y acabados. En este contexto, las normas ISO proporcionan un marco internacionalmente reconocido para garantizar que los productos cumplan con los estándares de calidad, seguridad y eficiencia.

A continuación, se expone cómo las especificaciones técnicas del producto se alinean con algunas normas ISO clave que se aplican en la industria de la impresión y encuadernación.

Tipo de impresión y la ISO 12647

Cuando se elige el tipo de impresión para un proyecto, ya sea *offset,* digital o flexográfica, es fácil pensar solo en términos de precio o velocidad. Sin embargo, algo tan crítico como la calidad del color, la consistencia de la impresión y la reproducción exacta de los detalles depende en gran parte de que el proceso esté estandarizado.

Aquí es donde entra en juego la ISO 12647, una norma específica para los procesos de impresión. ¿Por qué es importante? Porque regula aspectos técnicos como la densidad de las tintas, los colores, el registro de impresión y otros parámetros que aseguran que los resultados sean consistentes. Por ejemplo, si se está imprimiendo un libro donde el color es clave (como un libro de arte), esta norma ayudará a asegurar que lo que se ve en las pruebas iniciales es lo que se obtendrá en la producción masiva, sin sorpresas de última hora.

Además, esta norma es útil para que tanto la editorial como el proveedor de impresión estén alineados con lo que significa un producto de calidad. No importa si el proveedor está en España o en otro país, la ISO 12647 asegura que se hable el mismo idioma técnico.

 Nota

La ISO 12647 regula los procesos de impresión para garantizar que se mantenga una calidad constante, ya sea en impresión *offset,* digital o flexográfica:

- Densidad de las tintas: asegura valores específicos de densidad en las tintas para obtener colores consistentes.
- Registro de impresión: controla la alineación precisa de los colores en la impresión para evitar desajustes.
- Curvas de ganancia de punto: regula cómo se expanden los puntos de tinta en el papel, garantizando uniformidad de color.
- Tolerancias de color: define cómo controlar las desviaciones de color para minimizar errores y asegurar precisión.

Papel y la ISO 9706

Cuando decides el tipo de papel para un proyecto, no solo hay preocupación por la apariencia y el tacto, sino también por su durabilidad. Si, por ejemplo, se están imprimiendo libros que tienen que durar mucho tiempo (como una enciclopedia o documentos de archivo), hay que asegurarse de que el papel cumpla con ciertos estándares de resistencia y longevidad.

Aquí entra la ISO 9706, que define los requisitos que debe cumplir un papel para ser considerado permanente. ¿Qué significa esto? Básicamente que ese papel va a resistir el paso del tiempo sin volverse quebradizo o amarillento, lo cual es clave si se habla de productos que deben conservarse durante décadas. Si se elige un papel que cumple con esta norma, el libro informe o revista de archivo tendrá una vida útil mucho mayor.

 Nota

La ISO 9706 está diseñada para asegurar que el papel utilizado en impresiones permanentes tenga una alta resistencia al envejecimiento:

■ Durabilidad: garantiza que el papel sea resistente a cambios físicos y químicos con el tiempo.
■ Resistencia a la oxidación: el papel debe tener bajo contenido de ácido y una reserva alcalina alta, para evitar que se vuelva quebradizo.
■ Resistencia a la tracción: asegura que el papel no se rompa fácilmente al ser manipulado.
■ Longevidad: los documentos impresos en papel que cumplan con ISO 9706 pueden durar al menos 100 años sin deteriorarse significativamente.

Acabados y la ISO 12647-2

Un aspecto que muchas veces puede pasarse por alto al hablar de especificaciones técnicas es el acabado del producto: barnices, laminados, troquelados, etc. Estos detalles no solo afectan la apariencia final del producto, sino también su durabilidad y la forma en que la impresión se comporta a lo largo del tiempo.

La ISO 12647-2, además de regular la impresión, también establece directrices sobre cómo se deben aplicar los acabados sin afectar la calidad del color o la impresión.

Ejemplo

Si se decide aplicar un laminado mate a la portada de una revista de alta calidad, esta norma asegura que ese acabado no interfiera con los colores impresos debajo, y que todo el proceso se haga con consistencia en cada ejemplar.

Cuando no se siguen estas normas, es común ver variaciones de color entre los lotes impresos o acabados que no tienen la misma calidad. Esto puede significar un gran problema si estás trabajando con productos de lujo o ediciones limitadas, donde cada detalle cuenta.

Nota

La ISO 12647-2 regula la calidad en la aplicación de barnices, laminados y otros acabados sin afectar la impresión:

I Aplicación de barniz y laminados: asegura que los acabados no interfieran con la calidad del color o la impresión.
I Control de calidad de los acabados: se monitorean los acabados para evitar problemas de adherencia o cambios de textura.
I Consistencia del acabado: regula la uniformidad de los acabados en todas las copias impresas.

Encuadernación y la ISO 16763

La encuadernación es otro aspecto técnico que puede parecer más simple de lo que realmente es. No solo se trata de elegir entre encuadernación encolada, cosida o en tapa dura, sino de asegurarse de que esos métodos se apliquen de manera que el producto sea duradero y funcional.

La ISO 16763 regula específicamente cómo se debe gestionar la encuadernación en los productos editoriales. Esta norma cubre desde la calidad del pegamento que se utiliza en las encuadernaciones encoladas hasta la resistencia de las tapas y el cosido en los libros de tapa dura. Es especialmente útil cuando se trata de productos que se van a usar con frecuencia (como manuales o libros de referencia), ya que asegura que no se deshagan con el uso constante.

Para un proyecto editorial en el que la durabilidad sea importante, como un libro que se usará en bibliotecas o en escuelas, hay que verificar que el proceso de encuadernación cumpla con la ISO 16763, ya que es una garantía de que el producto resistirá al paso del tiempo y el uso continuo.

 Nota

La ISO 16763 asegura que la encuadernación de libros, tanto cosida como encolada, cumpla con los criterios de durabilidad y calidad:

- Resistencia del pegamento: certifica que el pegamento utilizado en la encuadernación resista el uso continuo.
- Calidad del cosido: define los parámetros de tensión y la cantidad de suturas en los libros cosidos para garantizar su durabilidad.
- Durabilidad de la tapa: establece que las tapas, rígidas o flexibles, resistan el uso sin deteriorarse.

Control de calidad y la ISO 9001

Algo básico, pero muy importante, es el control de calidad. Es posible tener muy buenas especificaciones técnicas, pero, si no se cuenta con un sistema de control de calidad sólido, todo puede fallar en algún punto del proceso.

La ISO 9001 es la norma de referencia en gestión de calidad. Aunque no está diseñada específicamente para la industria editorial, sí establece los principios para crear procesos de calidad robustos. ¿Qué significa esto en la práctica? Que cualquier proveedor que cumpla con la ISO 9001 tendrá procedimientos claros y definidos para verificar que cada fase del proceso (impresión, encuadernación, acabado) cumpla con los estándares establecidos. También implica que habrá un seguimiento continuo para detectar errores a tiempo y corregirlos antes de que se conviertan en problemas mayores.

Trabajar con proveedores que siguen la ISO 9001 significa comprobar que el control de calidad es parte central del proceso, lo que se traduce en menos sorpresas desagradables al recibir el producto final.

 Nota

La ISO 9001 asegura que cada fase de producción, desde la selección del papel hasta el acabado, esté controlada y se aplique un sistema de mejora continua:

I Control en todas las fases del proceso: monitorea cada etapa de producción para evitar errores o variaciones en la calidad.
I Sistemas de retroalimentación: requiere de la implementación de sistemas para recoger la retroalimentación de los clientes y mejorar los procesos.
I Mejora continua: asegura que el proveedor siempre esté en proceso de evaluación y mejora de sus métodos.

Aplicación práctica

Defina y desarrolle una ficha técnica completa para el siguiente producto editorial, detallando los aspectos técnicos clave como el tipo de impresión, el tipo de papel, los acabados y la encuadernación, y cómo estos se alinean con las normas ISO pertinentes.

El proyecto seleccionado es un libro infantil interactivo diseñado para niños de entre 5 y 8 años. Este libro contiene historias cortas acompañadas de ilustraciones a todo color. Además, incluye elementos interactivos como desplegables, ventanas troqueladas y páginas con texturas. El objetivo del libro es estimular la imaginación, la creatividad y la interacción de los niños con el material impreso, lo que hace que la durabilidad y la seguridad de los materiales sean fundamentales.

Basándose en el producto editorial descrito, defina los siguientes aspectos:

I Tipo de impresión: selecciona el tipo de impresión que mejor se adapte a este proyecto (*offset*, digital, flexográfica, etc.). Justifique su elección según la calidad de imagen y la interacción de los niños con el libro.
I Tipo de papel: elija un tipo de papel resistente (por ejemplo, papel estucado o cartón grueso para las páginas interactivas) y especifique su gramaje. Justifique cómo este influye en la durabilidad y manipulación segura del libro por parte de los niños.
I Acabados: defina qué acabados aplicaría (barnices, plastificados, troquelados, etc.). Por ejemplo, puede ser un barniz UV para proteger las páginas o troquelados especiales para las ventanas interactivas.
I Encuadernación: decida si usará una encuadernación cosida o encolada, o si será un libro de tapa dura para mayor resistencia. Explique cómo este tipo de encuadernación se ajusta a la durabilidad y seguridad necesaria en un libro infantil.

Con la información anterior, elabore una ficha técnica clara y detallada que incluya:

1. Descripción del producto editorial
2. Especificaciones del tipo de impresión, papel, acabados y encuadernación
3. Normas ISO aplicables

SOLUCIÓN (Posible solución)

Ficha técnica: libro infantil interactivo

Continúa en página siguiente >>

<< Viene de página anterior

Especificaciones técnicas:

I Tipo de impresión: para este proyecto, se recomienda la impresión *offset,* debido a su alta calidad de imagen y capacidad para reproducir colores vivos y detalles complejos. Dado que las ilustraciones a todo color son clave en este libro, la impresión *offset* permitirá obtener imágenes nítidas y consistentes, incluso en tiradas grandes. Además, es ideal para materiales interactivos que requieran de precisión en las ventanas troqueladas y desplegables.
I Tipo de papel: se seleccionará un papel estucado de alto gramaje (250 g/m²) para las páginas principales, ya que es resistente y suave al tacto, lo que garantiza una mayor durabilidad ante el constante manejo por parte de los niños. Para las partes interactivas como las páginas con desplegables o ventanas troqueladas, se utilizará un cartón más grueso (300 g/m²), lo que proporcionará la rigidez necesaria para que estas secciones sean duraderas y seguras de manipular, sin que se desgasten ni se rompan fácilmente.
I Acabados: se aplicará un barniz UV en las páginas ilustradas, para protegerlas del desgaste y evitar que se ensucien o deterioren con el uso frecuente. Además, se incorporarán troquelados especiales en las ventanas interactivas para que los niños puedan explorar los elementos del libro de forma segura. También se incluirán texturas en algunas páginas para proporcionar una experiencia táctil enriquecedora, lo que ayudará a captar la atención de los pequeños lectores.
I Encuadernación: el libro será de tapa dura con encuadernación cosida, lo que garantiza que sea resistente al uso frecuente y pueda soportar el constante manejo por parte de los niños. La tapa dura proporcionará protección adicional a las páginas interactivas y aumentará la longevidad del libro, haciéndolo adecuado para su uso repetido en entornos escolares o en el hogar.

Normas ISO aplicables:

I ISO 12647: esta norma asegura que el proceso de impresión *offset* se realice con precisión, manteniendo la consistencia en los colores y la calidad de las imágenes a lo largo de toda la producción. Esto es especialmente importante para un libro infantil con ilustraciones a todo color.
I ISO 9706: se seleccionará un papel que cumpla con esta norma. Esto garantiza que el material sea resistente al envejecimiento, lo cual es clave para mantener el libro en buen estado con el paso del tiempo y el uso continuo.
I ISO 16763: esta norma asegura que la encuadernación sea lo suficientemente duradera para soportar el uso frecuente sin que las páginas se desprendan o la estructura del libro se dañe. Esto es fundamental en un libro infantil interactivo, porque es usado frecuentemente.

Actividades

6. ¿Por qué es importante definir las especificaciones técnicas antes de formalizar un contrato con un proveedor?
7. Imagine que ha contratado a un proveedor para la producción de 3.000 ejemplares de una revista de lujo. Defina las especificaciones técnicas que incluiría en el contrato, considerando aspectos como el tipo de impresión, el papel y los acabados, y cómo estas estarían alineadas con las normativas ISO aplicables.
8. Compare la importancia de la ISO 12647 para asegurar la consistencia del color en trabajos de impresión *offset* frente a la impresión digital. Explique cómo esta norma puede influir en la toma de decisiones durante la prospección de proveedores.
9. ¿Qué impacto tiene la norma ISO 9001 en el control de calidad de un proyecto editorial?
10. Imagine que tiene que elegir entre dos proveedores de encuadernación: uno utiliza técnicas tradicionales sin seguir normativas ISO, mientras que el otro cumple con la ISO 9706 para asegurar la longevidad del papel. ¿Cuál elegiría y por qué, si su proyecto implica la producción de libros de archivo que deben durar décadas?

3.2. Calidad concertada

La calidad concertada en un proyecto editorial abarca la estética del producto, la durabilidad y la resistencia a largo plazo. Esto es especialmente importante en productos como libros, catálogos o revistas que se usarán de manera constante o que deben resistir condiciones adversas. Los detalles que se deben asegurar incluyen los siguientes puntos:

- **Resistencia de la encuadernación:**

  - **Encuadernación cosida:** si el libro debe estar cosido, es necesario que el cosido sea de alta calidad y que la cantidad de puntadas o suturas sea adecuada para el grosor del libro. Un cosido bien hecho asegura que las páginas no se desprendan con el tiempo, incluso con un uso intensivo. Las normas ISO, como la ISO 16763, especifican las pruebas de tensión y resistencia que se deben aplicar para garantizar que las costuras sean duraderas.

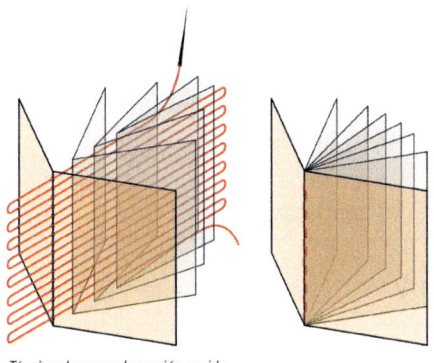

Técnica de encuadernación cosida

▮ **Encuadernación encolada:** para los libros encolados, es necesario asegurarse de que el pegamento utilizado tenga una alta resistencia. El adhesivo debe soportar el paso del tiempo y la manipulación continua sin que las páginas se despeguen. Se debe acordar el tipo de pegamento que se va a utilizar, especialmente si el libro va a estar expuesto a condiciones climáticas variables (calor, frío, humedad). Existen pruebas de resistencia que permiten verificar la adhesión antes de la producción masiva.

Borde de la portada de un libro pequeño con manchas y encolado

■ **Pruebas de resistencia:** es recomendable realizar pruebas de resistencia con prototipos antes de la producción a gran escala y verificar que la encuadernación resista varias aperturas y cierres sin que eso afecte la integridad del producto.

■ **Durabilidad del acabado:**

■ **Barniz UV:** en productos de alta gama que utilizan barniz UV o laminados, es vital que el acabado conserve su brillo y no se desgaste rápidamente con el uso o la exposición a la luz solar. El barniz UV debe ser resistente a los arañazos, así como a la decoloración que pueda ocurrir con el tiempo.

■ **Laminados:** tanto el laminado mate como el laminado brillante deben mantener su apariencia sin deteriorarse. En particular, el laminado mate debe ser resistente a las huellas dactilares, ya que una de sus principales funciones es ofrecer una apariencia elegante y limpia. El laminado brillante, por otro lado, debe ser lo suficientemente grueso para resistir rasguños y otros daños superficiales que podrían disminuir el valor percibido del producto.

■ **Troquelados y relieve:** en productos con troquelado o relieve (como portadas especiales), es importante que estos acabados sean precisos y no se deformen ni desgasten con el tiempo. Los cortes deben ser limpios y los relieves deben mantenerse definidos y nítidos, incluso después de múltiples manipulaciones.

Ejemplo de portadas con relieve

■ **Estabilidad del color:**

▮ **Consistencia de color:** se debe garantizar que el color de las impresiones, ya sea en la portada o en las páginas interiores, mantenga su consistencia en todas las copias impresas. Esto es especialmente importante en grandes tiradas, donde puede haber variaciones de color entre diferentes lotes si no se sigue un estricto control de calidad (como el regulado por la ISO 12647).

▮ **Resistencia a la decoloración:** productos expuestos a la luz solar o que serán manipulados constantemente deben utilizar tintas resistentes a la decoloración. La calidad concertada debe incluir un acuerdo sobre el tipo de tintas y acabados que garantizan que los colores se mantendrán vivos y fieles al diseño original, incluso con el paso del tiempo. La siguiente tabla detalla algunos ejemplos de los tipos de tintas y acabados que se pueden incluir en este tipo de acuerdos:

Tipo de tinta	Características
Tinta a base de agua	Es ecológica, menos contaminante, y se seca rápidamente. Se utiliza principalmente en impresión flexográfica para embalajes y materiales sostenibles.
Tinta UV	Se seca mediante luz ultravioleta, lo que permite una impresión más rápida y con mayor adherencia al papel o sustrato. Es resistente a la decoloración y tiene una excelente durabilidad.
Tinta solvente	Ofrece alta durabilidad y resistencia a las condiciones ambientales adversas. Es ideal para impresiones en vinilo y otros materiales sintéticos.
Tinta a base de aceite (*offset*)	Se utiliza comúnmente en impresión *offset* y ofrece una excelente saturación de color y calidad de imagen.
Tinta H-UV	Es similar a la tinta UV pero con menos emisiones de ozono y mayor respeto por el medio ambiente. Proporciona una mayor resistencia al desgaste y una mejor calidad de impresión.
Tinta metálica	Contiene partículas metálicas que reflejan la luz, lo que produce un acabado brillante y llamativo.

Tipo de acabado	Características
Barniz UV	Aumenta la durabilidad y el brillo del impreso. Se aplica principalmente sobre áreas específicas (barniz UV selectivo) o en toda la superficie.
Laminado mate	Proporciona un acabado suave y elegante, sin brillo. Es resistente a las huellas y adecuado para productos de lujo.
Laminado brillante	Aumenta el brillo y la vivacidad de los colores, dándole un aspecto llamativo al impreso. Es ideal para proteger el producto contra el desgaste.
Estampado en caliente *(hot stamping)*	Usa una película metálica para crear efectos brillantes y de lujo, como detalles en oro o plata.
Relieve *(embossing/ debossing)*	Crea un efecto de elevación (relieve) o hundimiento (gofrado) en el papel, lo que aporta una textura tridimensional.
Troquelado	Permite cortar el material impreso en formas específicas, creando un diseño recortado único.
Barniz *soft-touch*	Proporciona un acabado suave y aterciopelado al tacto. Es muy utilizado en productos de lujo o donde se quiera transmitir una sensación sofisticada.
Acabado perlado	Aporta un brillo sutil y un efecto nacarado que cambia dependiendo de la luz.

- **Resistencia al desgaste:**

  - **Uso continuo:** si el libro, revista o catálogo está destinado a un uso continuo, como en el caso de manuales de referencia o libros de texto, la calidad concertada debe incluir pruebas de desgaste para asegurar que el producto resista el uso intensivo. Las páginas deben mantener su integridad, sin romperse ni doblarse fácilmente.
  - **Protección de la portada:** en productos como libros de tapa dura, la portada juega un papel esencial en la percepción de calidad. Debe ser lo suficientemente resistente para evitar daños por caídas o golpes y debe estar firmemente adherida al cuerpo del libro.

- **Protección ambiental:**

  - **Resistencia a la humedad y cambios climáticos:** si el producto está destinado a ser utilizado en exteriores o en ambientes con cambios climáticos bruscos, debe estar protegido contra la humedad y el calor. Esto implica utilizar papeles tratados y acabados que resistan el contacto con el agua o la exposición al calor sin deteriorarse, como la ISO 9706 sugiere para papeles de archivo.

▪ **Certificaciones ecológicas:** en algunos casos, las empresas también pueden acordar utilizar materiales que cumplan con estándares de sostenibilidad ambiental, como el uso de papel reciclado o tintas a base de agua. Asegurarse de que los materiales utilizados tienen certificaciones, como las del FSC *(Forest Stewardship Council),* añade valor al producto y respalda el compromiso con el medio ambiente.

Sabía que...

El uso de papel reciclado y las tintas a base de agua es una opción cada vez más popular en la industria editorial y de impresión, ya que ofrece una solución sostenible sin comprometer la calidad del producto. El papel reciclado ayuda a reducir la deforestación y el consumo de recursos naturales, mientras que las tintas a base de agua, que contienen menos productos químicos tóxicos, disminuyen el impacto ambiental al ser menos contaminantes. Además, estas tintas se secan rápidamente y proporcionan una buena calidad de impresión, lo que las convierte en una excelente opción para proyectos ecológicos, como folletos, empaques y revistas respetuosas con el medio ambiente. Utilizar estos materiales contribuye a la conservación del planeta y responde a una creciente demanda de consumidores por productos más sostenibles.

Aplicación práctica

A continuación, se presentan diferentes contextos para la producción de productos editoriales (libros, catálogos, revistas) que implican diversas especificaciones de calidad concertada. Según cada contexto, responda a las preguntas proporcionando las especificaciones técnicas relacionadas con la encuadernación, acabados, estabilidad del color, resistencia al desgaste y protección ambiental, así como las normas

Continúa en página siguiente >>

<< Viene de página anterior

ISO aplicables. Utilice la información proporcionada sobre calidad concertada CE y normas ISO en la industria editorial para fundamentar sus respuestas.

Contexto 1. Libro de texto escolar de uso diario. Este libro estará en constante uso por estudiantes en edades entre 10 y 15 años. Debe resistir el desgaste por manipulación diaria, ser duradero y seguro para los niños. Se imprimirá en grandes tiradas y se utilizará en diferentes climas.

Contexto 2. Catálogo de productos de lujo para una marca de moda. El catálogo estará destinado a clientes de alto nivel y será utilizado para exhibir la nueva colección de una marca de moda. El aspecto estético y la alta calidad en la presentación son prioritarios. Debe mantener su apariencia impecable aun después de múltiples manipulaciones.

Contexto 3. Revista de arte para coleccionistas. Esta revista será publicada trimestralmente. Está dirigida a coleccionistas y aficionados al arte. El contenido incluye fotografías y pinturas a todo color, por lo que la consistencia de los colores y la calidad de las imágenes es fundamental. Debe ser resistente y estar protegida contra la decoloración por luz solar.

a. ¿Qué tipo de encuadernación (cosida, encolada, tapa dura, etc.) sería más adecuada para cada producto, teniendo en cuenta la durabilidad y el uso previsto?
b. Defina qué tipo de acabados (barniz UV, laminados, troquelados, etc.) garantizarán la mejor presentación y protección de cada producto.
c. ¿Qué medidas tomaría para asegurar que los colores se mantengan vivos y consistentes en cada producto?
d. ¿Qué pruebas de resistencia aplicaría para garantizar la longevidad del producto, considerando el uso continuo o la manipulación constante?

SOLUCIÓN

a. Tipo de encuadernación más adecuada para cada producto:

ı En el contexto 1 la encuadernación cosida es la opción más adecuada debido al uso intensivo que recibirá el libro. La cosida ofrece mayor durabilidad, pues asegura que las páginas no se desprendan con facilidad, incluso con el uso diario de los estudiantes. Esta encuadernación es especialmente resistente y flexible para soportar la apertura y cierre constantes.

ı En el contexto 2, la encuadernación encolada con tapa dura es la mejor opción para un catálogo de lujo. Este tipo de encuadernación ofrece una presentación elegante y sofisticada, mientras que la tapa dura protege el contenido y da una sensación

Continúa en página siguiente >>

<< Viene de página anterior

de alta calidad, ideal para clientes de alto nivel. La encolada es suficiente para un catálogo que no se manipulará intensivamente, pero debe ofrecer una buena adhesión para resistir múltiples manipulaciones.

▪ En el contexto 3, una encuadernación cosida con tapa blanda es ideal para una revista de arte, ya que brinda durabilidad sin comprometer la manejabilidad. La encuadernación cosida asegura que las páginas se mantendrán en su lugar, mientras que la tapa blanda hace que el producto sea más ligero y fácil de manipular para los coleccionistas.

b. Acabados que garantizarán la mejor presentación y protección de cada producto:

▪ En el contexto 1, un laminado mate en la portada garantizará que el libro sea resistente a las huellas dactilares y arañazos, ofrece protección adicional al uso diario. También se podría aplicar un barniz UV para proteger las imágenes internas.

▪ En el contexto 2, un laminado brillante en la portada destacará la estética de lujo, añadiendo brillo y sofisticación. Además, un barniz UV sectorizado en ciertos elementos, como el logotipo, puede darle un toque de distinción y resaltar detalles específicos del diseño.

▪ En el contexto 3, un laminado mate sería ideal para evitar reflejos molestos en las imágenes, y un barniz UV para proteger las páginas de la decoloración y desgaste por manipulación frecuente. Estos acabados garantizarán que la presentación visual sea óptima sin afectar la calidad de las imágenes.

c. Medidas para asegurar que los colores se mantengan vivos y consistentes en cada producto:

▪ En el contexto 1 se debe utilizar la norma ISO 12647 para regular la calidad del color durante el proceso de impresión. Esto garantiza que, a pesar de las grandes tiradas, los colores sean consistentes y fieles en todas las copias del libro.

▪ En el contexto 2 también se aplicará la norma ISO 12647 para asegurar que los colores de alta calidad del catálogo mantengan su brillo y consistencia, especialmente en un contexto donde la estética es clave. El control de calidad será estricto para evitar variaciones entre lotes.

▪ En el contexto 3, al ser una revista de arte, la precisión del color es fundamental. La norma ISO 12647 se utilizará para mantener una consistencia cromática exacta, asegurando que las reproducciones de las fotografías y obras de arte mantengan su fidelidad al original.

Continúa en página siguiente >>

<< Viene de página anterior

d. Pruebas de resistencia para garantizar la longevidad del producto:

ı En el contexto 1 se deben realizar pruebas de apertura y cierre repetidas para asegurarse de que la encuadernación cosida resista el uso constante. Además, es importante realizar pruebas de resistencia a la humedad y temperaturas extremas para verificar que el libro se mantenga en buen estado en diferentes climas.
ı En el contexto 2 las pruebas de resistencia incluirán la manipulación repetida para comprobar que el acabado laminado y los detalles impresos no se desgastan fácilmente. Además, se pueden realizar pruebas de resistencia a rasguños para garantizar que el catálogo mantenga su aspecto impecable.
ı En el contexto 3, se deben realizar pruebas de exposición a la luz solar para garantizar que las tintas resistan la decoloración. Además, se puede probar la durabilidad del laminado mate y la resistencia a la manipulación frecuente para verificar que la revista mantenga su calidad visual a lo largo del tiempo.

Actividades

11. ¿Por qué es importante realizar pruebas de resistencia en prototipos antes de la producción masiva de libros con encuadernación cosida o encolada?
12. Compare las ventajas de utilizar un barniz UV resistente a los arañazos frente a un laminado brillante en productos editoriales de alta gama. Explique cómo estos acabados pueden afectar la durabilidad y la percepción de calidad de los productos a largo plazo.
13. Defina las especificaciones técnicas que establecería para garantizar que un libro de texto destinado a un uso intensivo mantenga su integridad y resistencia al desgaste. Considere aspectos como la encuadernación, el tipo de papel y la protección de la portada.
14. ¿Qué tipo de acabado es recomendable para productos de alta gama que deben resistir arañazos y decoloración, especialmente si están expuestos a la luz solar?

3.3. Confidencialidad

La confidencialidad es un aspecto cada vez más importante en la relación entre editoriales y proveedores de impresión y encuadernación. ¿Por qué?

Porque, en muchos casos, los productos que se están imprimiendo contienen información sensible o que no debe ser divulgada antes de su lanzamiento oficial. Esto es especialmente relevante en sectores como la impresión de libros inéditos, informes empresariales o incluso documentos gubernamentales.

En el contrato se debe incluir una cláusula de confidencialidad que garantice que el proveedor no divulgará el contenido de los materiales que se van a imprimir.

Los proveedores deben comprometerse a proteger cualquier tipo de información confidencial que puedan recibir, ya sea física o digital. Esto es clave para evitar filtraciones no deseadas.

Este tipo de cláusulas son comunes y se pueden personalizar dependiendo del tipo de proyecto que se está contratando. Las sanciones por incumplimiento también suelen estar detalladas, como medidas para resarcir posibles daños causados por una filtración.

La confidencialidad en la relación entre editoriales y proveedores de impresión y encuadernación puede estar estrechamente relacionada con la norma ISO/IEC 27001, que es una de las principales normas internacionales para la gestión de la seguridad de la información. Esta norma proporciona un marco para implementar un sistema de gestión de la seguridad de la información (SGSI), asegurando que las organizaciones puedan proteger la información sensible, gestionar riesgos y evitar filtraciones de datos.

La ISO/IEC 27001 establece procedimientos específicos para proteger la información confidencial, tanto en formato físico como digital. Esto se aplica perfectamente a los contratos entre editoriales y proveedores, ya que ayuda a garantizar que la información sensible de libros inéditos, informes o documentos no sea accesible a terceros no autorizados.

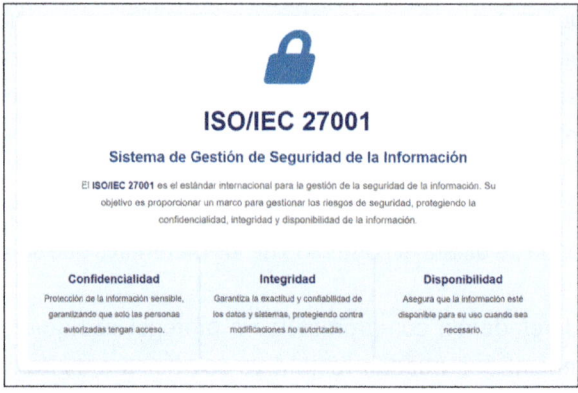

Norma ISO/IEC 27001

Un proveedor que cumple con esta norma tiene sistemas de seguridad robustos para gestionar datos, lo que minimiza el riesgo de filtraciones.

En línea con lo establecido por la ISO/IEC 27001, uno de los principios clave es el control de acceso a la información sensible. Esta norma recomienda políticas que aseguren que solo el personal autorizado tenga acceso a los datos. En un acuerdo entre editoriales y proveedores, esto se traduce en que únicamente las personas esenciales para el proyecto tengan acceso al contenido del material que imprimir o encuadernar.

Los proveedores que siguen esta norma gestionan el acceso a la información mediante controles estrictos y alertan del acceso de alguien no autorizado.

ISO/IEC 27001 también exige que las organizaciones tengan mecanismos de respuesta ante incidentes de seguridad. Esto puede ser implementado en el contrato como una cláusula de sanciones, en la que se definen consecuencias específicas si la confidencialidad se viola, además de establecer medidas de reparación en caso de brechas.

Aplicación práctica

Imagine que trabaja en una editorial que está a punto de lanzar un libro inédito, muy esperado por el público, y que ha contratado a una empresa de impresión y encuadernación para producir las primeras copias. Se le ha asignado la responsabilidad de supervisar el proceso y asegurarse de que todo marche conforme al contrato firmado entre ambas partes. En el contrato, ha incluido una cláusula de confidencialidad que establece sanciones por filtraciones del contenido antes del lanzamiento oficial.

Durante el proceso, se da cuenta de que uno de los empleados de la empresa de impresión, que no estaba inicialmente autorizado a trabajar en este proyecto, ha tenido acceso al contenido del libro. Afortunadamente, parece que no ha ocurrido ninguna filtración hasta el momento, pero le preocupa la situación y las posibles consecuencias.

¿Qué acciones tomaría para manejar esta situación, considerando tanto la cláusula de confidencialidad en el contrato como los principios de la norma ISO/IEC 27001? ¿Cómo podría prevenir que algo similar ocurra en el futuro?

SOLUCIÓN

En esta situación, lo primero que haría es informar de inmediato a la empresa de impresión sobre el acceso no autorizado y solicitar una explicación sobre cómo ocurrió la situación, ya que incumple el acuerdo de confidencialidad firmado. También revisaría el contrato para confirmar las sanciones y acciones correctivas que se aplican en caso de una violación, aunque no haya habido filtración.

De acuerdo con la norma ISO/IEC 27001, exigiría que la empresa implemente de inmediato medidas para restringir el acceso al contenido, limitándolo solo al personal autorizado. Esto incluye reforzar los controles de acceso, como contraseñas o registros físicos, de quienes tienen acceso a las áreas donde se almacena o procesa la información.

Para prevenir situaciones similares en el futuro, solicitaría a la empresa que revisase su sistema de gestión de seguridad de la información (SGSI) para garantizar que cumpla con los estándares de la ISO/IEC 27001; si ya los sigue, que revisen los protocolos de manera más estricta. También podría sugerir la realización de una auditoría interna para asegurar que las políticas de seguridad se están aplicando correctamente.

Actividades

15. ¿Por qué es importante incluir una cláusula de confidencialidad en el contrato entre editoriales y proveedores de impresión?
16. Imagine que es una editorial que está a punto de lanzar un libro muy esperado de un autor famoso. ¿Qué medidas tomaría para asegurarse de que el proveedor de impresión mantenga la confidencialidad de los contenidos del libro durante todo el proceso de producción? ¿Cómo aplicaría la norma ISO/IEC 27001 en este caso?
17. ¿Qué mecanismos de control de acceso recomienda la ISO/IEC 27001 para evitar filtraciones de información en el proceso de impresión?

3.4. Plazos de entrega y penalizaciones

Uno de los aspectos más críticos en cualquier contrato es el plazo de entrega. En el ámbito editorial, los retrasos pueden tener consecuencias significativas, como pérdida de ventas o incumplimiento de fechas de lanzamiento.

Por eso, es necesario que en el contrato se estipulen claramente los plazos de entrega y que haya penalizaciones por retrasos injustificados. Es importante que ambas partes acuerden un calendario realista que tenga en cuenta posibles imprevistos, pero que también contemple medidas en caso de incumplimiento.

En proyectos grandes, es habitual que el proveedor entregue por lotes (por ejemplo, en la impresión de varios miles de libros). Esto permite al cliente ir recibiendo el producto y verificar la calidad antes de que todo el lote esté terminado.

Las penalizaciones suelen estar relacionadas con el porcentaje del coste total del contrato. Por ejemplo, si un trabajo de impresión no se entrega a tiempo, se podría establecer que el proveedor pague un porcentaje del valor total del contrato por cada semana de retraso.

Una pregunta que podría surgir es: ¿y si el retraso es culpa del cliente? Esto también debe contemplarse en el contrato. Si, por ejemplo, la editorial no entrega los archivos finales en la fecha acordada, se pueden renegociar las fechas de entrega sin que se apliquen penalizaciones al proveedor.

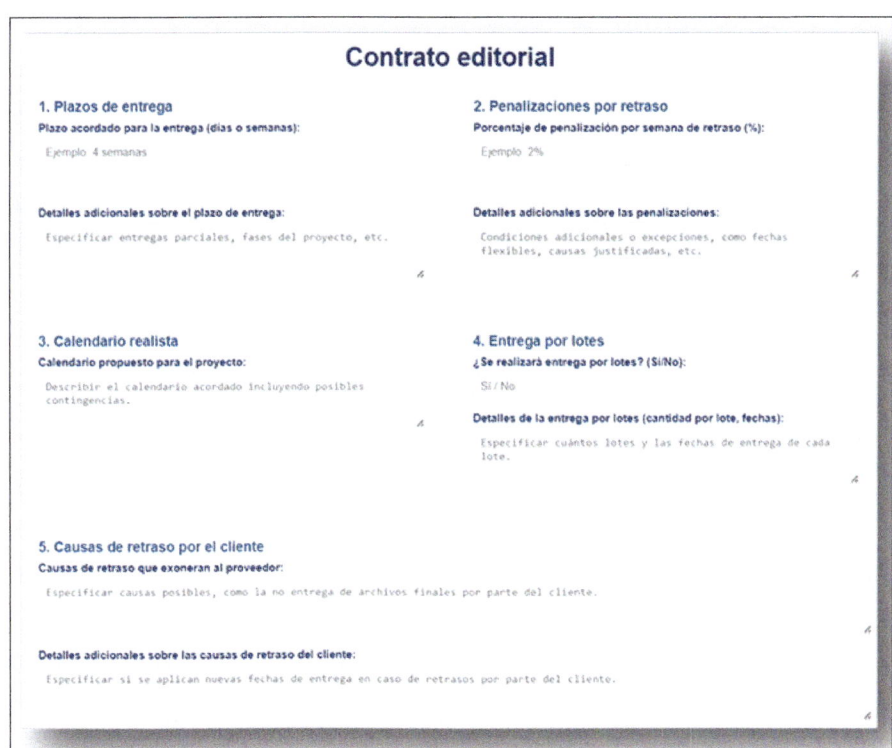

Ejemplo de checklist de los plazos de entrega y penalizaciones

Aplicación práctica

Imagine que está gestionando la producción de un nuevo libro en su editorial y ha contratado a una imprenta para producir 10.000 copias, que deben estar listas para una fecha de lanzamiento específica. El contrato que firmó con el proveedor incluye una cláusula de plazos de entrega que estipula penalizaciones por retrasos injustificados, con el acuerdo de que la entrega se hará en tres lotes para que pueda verificar la calidad en cada fase.

Sin embargo, la imprenta le notifica que, debido a un problema técnico, el primer lote se retrasará una semana, lo que pone en riesgo la entrega de los demás lotes y el lanzamiento del libro. Además, este retraso no se debe a un fallo por parte de la editorial, ya que entregó todos los archivos a tiempo.

¿Qué medidas tomaría para abordar este retraso, considerando las penalizaciones acordadas en el contrato? ¿Cómo podría renegociar el calendario de entregas para asegurar que el libro se lance a tiempo sin comprometer la calidad del producto?

SOLUCIÓN

En esta situación, lo primero que haría es revisar el contrato para confirmar las penalizaciones estipuladas por retrasos injustificados y evaluar si el retraso del primer lote desencadena tales penalizaciones. Luego, contactaría con la imprenta para tener una conversación clara sobre las causas del retraso y confirmar si se trata de un problema técnico que pueda resolverse a tiempo para no afectar los otros dos lotes.

Para abordar el retraso de manera proactiva, propondría renegociar el calendario de entregas. Esto podría incluir ajustes en la producción, como priorizar la entrega de los lotes más críticos o buscar soluciones que permitan recuperar parte del tiempo perdido, como trabajar turnos adicionales. Al mismo tiempo, mantendría una verificación estricta de la calidad en cada lote para verificar que, en el afán de cumplir con los plazos, no se comprometa el producto final.

Si el proveedor no puede garantizar una entrega a tiempo, aplicaría las penalizaciones acordadas en el contrato, buscando un equilibrio para evitar una pérdida mayor para la editorial, como la cancelación o aplazamiento del lanzamiento. Finalmente, también consideraría opciones de contingencia, como recurrir a otro proveedor si el retraso se vuelve insalvable.

4. Resumen

La prospección de mercado de proveedores de impresión, encuadernación y acabado consiste en la búsqueda, evaluación y selección de aquellos proveedores capaces de cumplir con las especificaciones de un proyecto editorial, garantizando calidad, cumplimiento de plazos y precios competitivos. Este proceso comienza con una investigación de tendencias y avances tecnológicos en el sector gráfico, evaluando también la infraestructura, experiencia y especialización de los proveedores según el tipo de trabajo requerido, ya sea impresión *offset,* digital o flexográfica, entre otros.

Para llevar a cabo este proceso, se realiza un mapeo de proveedores a través de diversas fuentes como bases de datos comerciales, ferias industriales y plataformas especializadas. Es recomendable investigar referencias de trabajos anteriores y contactar con clientes de los proveedores para evaluar su satisfacción. Posteriormente, se hace una evaluación basada en criterios como la calidad del trabajo, los costes, la capacidad técnica y de producción, el cumplimiento de plazos y la reputación del proveedor.

Una vez que se han seleccionado algunos candidatos, se recomienda realizar visitas *in situ* a sus instalaciones para verificar sus procesos, equipos y controles de calidad. Estas visitas permiten identificar su capacidad para cumplir con las demandas del proyecto. En paralelo, se realiza una evaluación comparativa de las propuestas, considerando aspectos como coste, calidad y tiempos de entrega. Las negociaciones deben enfocarse en aclarar los términos clave, como tiempos, calidad y posibles penalizaciones en caso de incumplimiento.

Herramientas como directorios de proveedores, ferias y plataformas en línea son útiles para optimizar la búsqueda, mientras que la auditoría y evaluación detallada garantizan la elección adecuada del proveedor.

Ejercicios de repaso y autoevaluación

1. **Complete la siguiente oración:**

   El primer paso en la prospección de mercado es realizar una _____ exhaustiva del mercado.

2. **Determine si la siguiente oración es verdadera o falsa: "El precio es el único criterio importante al seleccionar un proveedor de impresión".**

   ☐ Verdadero
   ☐ Falso

3. **¿Qué tipo de encuadernación es ideal para libros de lujo?**

   a. Tapa blanda
   b. Tapa dura
   c. Encuadernación en espiral
   d. Encuadernación grapada

4. **Relacione los términos con sus definiciones:**

   a. Impresión digital
   b. Encuadernación en tapa dura
   c. Ferias del sector gráfico

   ___ Método de impresión más rápido y flexible para tiradas pequeñas.
   ___ Eventos clave para conocer proveedores y nuevas tecnologías.
   ___ Ofrecen protección y una presentación de alta calidad en libros.

5. Describa una situación en la que un contrato con un proveedor de impresión podría necesitar incluir una cláusula de confidencialidad.

_____

_____

_____

_____

6. Complete la siguiente oración:

La _____ técnica es fundamental para la selección de un proveedor de impresión.

7. Determine si la siguiente oración es verdadera o falsa: "Es recomendable realizar visitas *in situ* a los proveedores antes de seleccionarlos".

    ☐ Verdadero
    ☐ Falso

8. Defina la prospección de mercado en el contexto de la contratación de proveedores de impresión.

_____

_____

_____

_____

9. Imagine que debe imprimir una tirada de 3.000 revistas con plazos muy ajustados. ¿Qué tipo de impresión seleccionaría y por qué?

_____

_____

10. Determine si la siguiente oración es verdadera o falsa: "La impresión *offset* es más adecuada para tiradas pequeñas y personalizadas".

    ☐ Verdadero
    ☐ Falso

11. Explique la importancia del control de calidad en la impresión de productos editoriales.

_____

_____

_____

_____

12. ¿Qué recurso ayuda a identificar proveedores de forma *online?*

    a. Plataformas especializadas
    b. Periódicos
    c. Redes sociales
    d. Directorios telefónicos

13. Determine si la siguiente oración es verdadera o falsa: "Las máquinas modernas en
un proveedor garantizan una mayor precisión y calidad".

    ☐ Verdadero
    ☐ Falso

14. Complete la siguiente oración.

La _____ de entrega es clave para evitar retrasos en la producción editorial.

15. ¿Qué tipo de impresión es más adecuado para grandes volúmenes de producción?

    a. Impresión digital
    b. Impresión *offset*
    c. Impresión flexográfica
    d. Impresión 3D

Control y seguimiento de la producción en impresión, encuadernación y acabado de productos editoriales

Contenido

1. Introducción

En la producción editorial, el control y seguimiento de cada fase es fundamental para asegurar la entrega oportuna y de calidad de los productos. Las etapas de impresión, encuadernación y acabado requieren de una planificación precisa y de herramientas que permitan gestionar el proceso de manera eficiente. Para esto, el *planning* se convierte en un elemento clave para organizar y asignar recursos, tiempos y responsables, asegurando que cada tarea se complete en el momento adecuado. Sin una planificación adecuada, pueden surgir problemas que afecten tanto a los tiempos de entrega como a la calidad del producto final.

Además del *planning,* es esencial implementar un sistema de seguimiento que permita monitorear el avance de las tareas, identificar retrasos y realizar ajustes cuando sea necesario. Este control constante asegura que el proceso fluya sin interrupciones y se mantengan los estándares de calidad. Los gráficos de control, como los diagramas de Gantt y PERT, ofrecen una representación visual clara del progreso y las interdependencias entre las tareas, lo que facilita la toma de decisiones en caso de imprevistos.

La integración de sistemas expertos y herramientas informáticas como el JDF *(Job Definition Format)* optimiza el flujo de trabajo en la producción editorial. Estos sistemas automatizan la toma de decisiones, ajustan los tiempos y redistribuyen recursos en función de la disponibilidad, lo que contribuye a mejorar la eficiencia y minimizar errores humanos. A su vez, el JDF conecta todos los equipos y sistemas, permitiendo una comunicación fluida entre ellos y mejorando la gestión de recursos a lo largo del proceso de producción.

Por último, el control de las entregas asegura que los productos lleguen a tiempo y en buen estado a su destino. La planificación de los envíos, la coordinación con los transportistas y la preparación adecuada del producto son esenciales para evitar retrasos o daños. La implementación de herramientas de gestión de entregas permite un monitoreo en tiempo real y facilita la resolución rápida de cualquier problema que pueda surgir durante la distribución.

2. Instrumentos de planificación: *planning* y su seguimiento

En el contexto de la producción editorial, especialmente en las fases de impresión, encuadernación, acabado, control y seguimiento, un buen sistema de planificación ahorra tiempo y ayuda a evitar errores.

Cuando se habla de **planning en producción editorial** se hace referencia básicamente a una herramienta que ayuda a organizar las diferentes fases del proceso productivo. Este documento o *software* contiene la secuencia de tareas, los tiempos estimados para cada una, los recursos asignados y, en algunos casos, los responsables de cada etapa.

 Ejemplo

Imagine que una editorial tiene que producir un libro de 300 páginas. El proceso comienza con la impresión, luego pasa a la encuadernación y, finalmente, a los acabados (como laminados, cortes, etc.). Para cada una de estas fases se necesita un tiempo determinado y es esencial que todas estén bien coordinadas para que el trabajo final se entregue a tiempo.

Sin un buen *planning* el caos puede reinar. ¿Qué pasa si los libros están impresos pero la máquina de encuadernación no está disponible, o peor aún, si no se tienen en cuenta los tiempos de secado de la tinta y se intenta encuadernar antes de que esté listo? Estos son ejemplos reales de problemas que surgen cuando no se hace un buen *planning*.

La **elaboración del *planning*** depende de varios factores clave:

- **Cantidad de productos:** no es lo mismo planificar la producción de 100 libros que de 10.000.
- **Complejidad del proyecto:** algunos productos editoriales tienen acabados más complejos, como barnizados o estampados, que añaden tiempo y fases adicionales.

- **Disponibilidad de recursos:** tanto humanos como técnicos. Si una máquina está ocupada o hay personal de vacaciones, hay que ajustar el *planning*.
- **Plazos de entrega:** obviamente, este es uno de los factores más importantes. ¿Cuánto tiempo hay disponible para completar la producción?

Un *planning* básico suele incluir:

- **Fases del proceso:** impresión, encuadernación, acabados.
- **Duración estimada:** cuánto tiempo tomará cada fase.
- **Responsables:** quién es el encargado de cada fase.
- **Recursos:** qué máquinas, herramientas y materiales se necesitan.

Para hacer esto más claro, imaginemos un ejemplo. Supón que tienes que imprimir 5.000 revistas. El *planning* podría ser algo así:

- Impresión: 2 días
- Encuadernación: 1 día
- Corte y laminado: 1 día
- Revisión y embalaje: 1 día

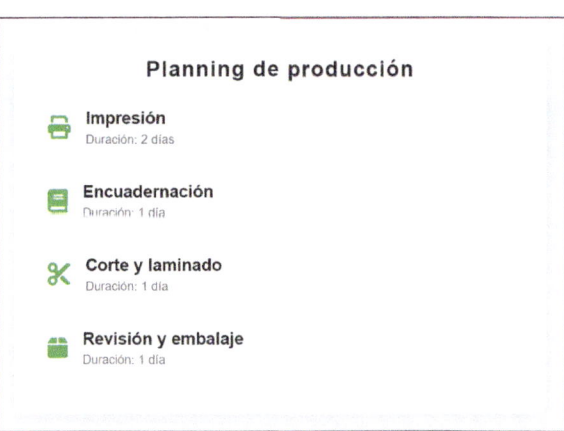

Esto da un total de 5 días de producción, si todo va según lo planeado.

En cuanto a las herramientas que se pueden usar para crear un *planning,* hay varias opciones, desde las más sencillas hasta las más complejas:

- **Hojas de cálculo:** como *Excel* o *Google Sheets* siguen siendo una opción popular, especialmente en empresas más pequeñas. Permiten hacer tablas sencillas donde se desglosan las fases del proceso.

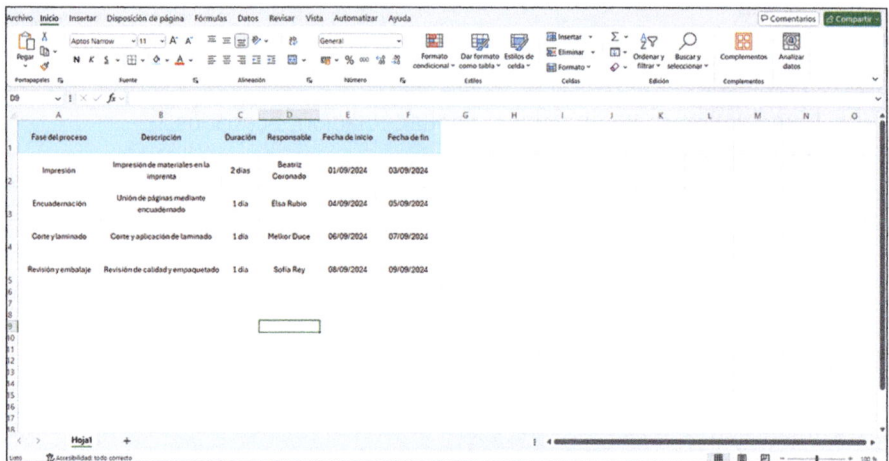

Ejemplo de tabla en Excel

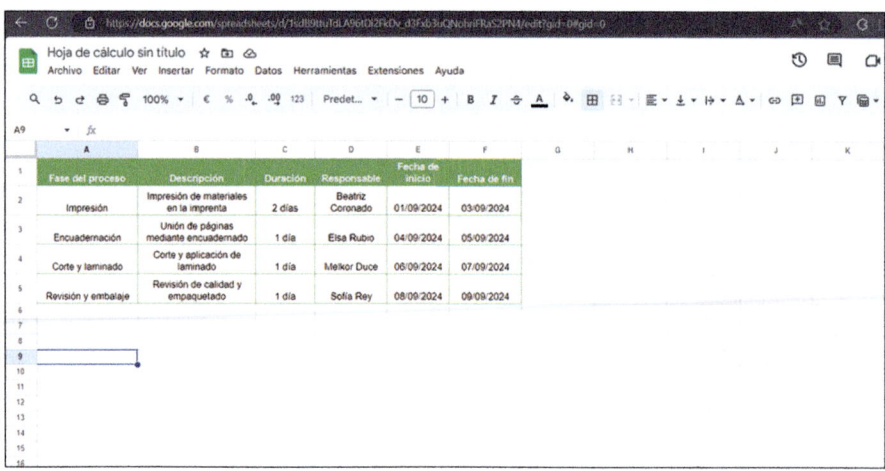

Ejemplo de tabla en Google Sheets

- ***Software* de gestión de proyectos:** en las empresas más grandes o con volúmenes de producción elevados, se suelen utilizar programas especializados, como *Trello, Asana* o *Microsoft Project*. Estos programas permiten asignar tareas, ajustar tiempos y llevar un seguimiento más detallado de cada fase.

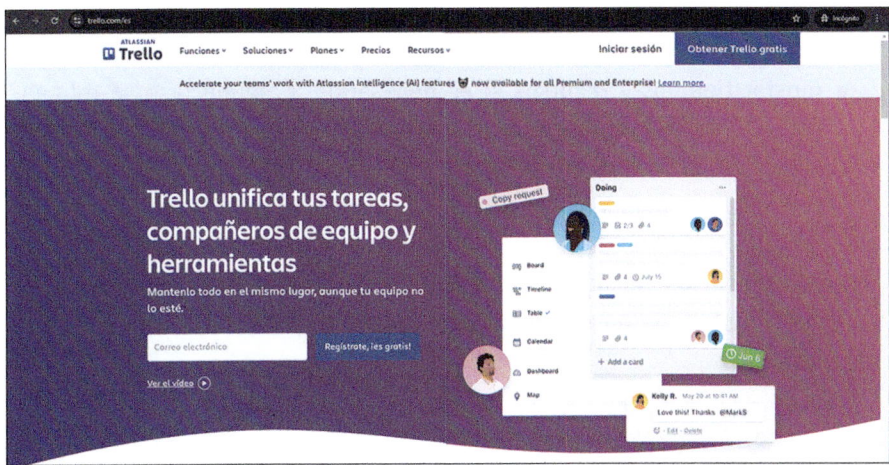

Sitio web de Trello: <https://trello.com/es>

Sitio web de Asana: <https://asana.com/es>

Una cosa es tener un buen *planning* y otra cosa es asegurarse de que todo se está cumpliendo como estaba previsto. Aquí es donde entra el seguimiento.

De nada sirve un *planning* perfecto si luego no se verifica si las cosas van como deberían. El seguimiento implica:

- **Revisar el progreso regularmente:** esto puede ser diario o incluso varias veces al día, dependiendo de la magnitud del proyecto.
- **Ajustar tiempos y recursos si es necesario:** si alguna fase se retrasa, hay que ser rápido para tomar decisiones. Por ejemplo, si la encuadernación está tardando más de lo previsto, puede que sea necesario aumentar el personal o hacer horas extras para no retrasar todo el proceso.
- **Comunicación constante:** todos los responsables de las diferentes fases deben estar en comunicación para saber en qué estado se encuentran las cosas.

Volviendo al ejemplo anterior de las 5.000 revistas, supongamos que la máquina de encuadernación se avería y se pierden 4 horas. Si no se hace un buen seguimiento, este retraso puede no corregirse a tiempo, y el proceso completo podría atrasarse un día entero. En cambio, si se detecta el problema de inmediato y se comunica al responsable, se podría buscar una solución (como derivar el trabajo a otra máquina o ajustar el turno de trabajo).

 Importante

El control de la calidad en el proceso de impresión y encuadernación es fundamental. Hay que estar atentos a posibles errores: una mala impresión, páginas mal cortadas, encuadernaciones defectuosas, entre otros. Esto puede parecer obvio, pero es fácil perder de vista detalles si no se hace un seguimiento constante.

Actividades

1. Describa la importancia del seguimiento continuo en la planificación de la producción editorial y cómo ayuda a evitar retrasos y errores durante las fases de impresión y encuadernación.
2. Investigue diferentes herramientas de *software* de gestión de proyectos, como *Trello, Asana* o *Microsoft Project,* y analice cómo pueden mejorar la planificación y el seguimiento en la producción editorial.
3. Reflexione sobre los posibles problemas que pueden surgir si no se realiza un adecuado seguimiento del *planning* en la producción editorial. Proponga estrategias para solucionarlos de manera efectiva.

Aplicación práctica

Está a cargo de la producción de un nuevo lote de 2.000 catálogos de productos para una empresa que los necesita en una semana para un evento importante.

Elabore un *planning* básico para la producción de los 2.000 catálogos, indicando las fases, la duración estimada y los recursos implicados. Luego, describa una estrategia de seguimiento para evitar retrasos y asegurar el cumplimiento de los plazos.

SOLUCIÓN

1. *Planning* básico:

   ı Impresión: 1,5 días
   ı Recursos: máquina de impresión *offset,* 2 operadores
   ı Encuadernación: 1 día
   ı Recursos: máquina de encuadernación, 1 operador
   ı Corte y laminado: 1 día
   ı Recursos: máquina de corte, laminadora, 1 operador
   ı Revisión y embalaje: 0,5 días
   ı Recursos: equipo de revisión, 2 operarios para embalaje
   ı Total estimado: 4 días de producción

Continúa en página siguiente >>

<< Viene de página anterior

2. Estrategia de seguimiento:

- Realizar una revisión diaria al final de cada fase para verificar que se esté cumpliendo con los tiempos establecidos.
- En caso de retraso en alguna fase (por ejemplo, si la máquina de impresión se detiene por mantenimiento), ajustar inmediatamente el horario, redistribuyendo recursos o añadiendo turnos para compensar el tiempo perdido.
- Mantener una comunicación constante con los operadores de cada fase para obtener actualizaciones sobre el progreso y cualquier problema que surja.

---

3. Gráficos de control de la producción de impresión, encuadernación y acabado de productos editoriales

Los gráficos de control son representaciones visuales que muestran cómo se distribuyen las tareas en el tiempo y cómo están relacionadas entre sí. Ayudan a ver de forma clara qué está ocurriendo en cada momento del proceso productivo. Esto es especialmente útil en proyectos complejos donde intervienen muchas fases, como la impresión, la encuadernación y el acabado de productos editoriales.

Los dos gráficos más utilizados para este fin son el diagrama de Gantt y el diagrama PERT. Ambos tienen características distintas, pero sirven para lo mismo: planificar y controlar los tiempos de producción. Vamos a ver cómo funcionan y en qué situaciones se suelen usar.

3.1. GANTT y PERT

El diagrama de Gantt es, probablemente, el más sencillo de entender y el más utilizado en la industria editorial. Este gráfico representa las tareas en barras horizontales, que muestran el tiempo que dura cada fase del proceso.

Imagina que tienes que producir un libro de 200 páginas. Las tareas principales serían:

- Impresión
- Encuadernación
- Acabado final (como cortar, plastificar o poner una cubierta especial)

El diagrama de Gantt muestra cada una de estas fases como una barra que se extiende a lo largo de un calendario. Si la impresión tarda 2 días, la barra correspondiente a "impresión" cubrirá esos 2 días en el gráfico. Después vendrá la barra de encuadernación, y así sucesivamente. De esta manera, se puede ver de un vistazo qué se está haciendo en cada momento.

Las principales ventajas del diagrama de Gantt son:

- Es muy visual y fácil de interpretar.
- Permite ver de manera rápida si alguna fase del proceso está tomando más tiempo del previsto.
- Ayuda a identificar los solapamientos entre tareas. Por ejemplo, se puede ver si la encuadernación se puede empezar antes de que se terminen de imprimir todas las páginas.

Vamos a hacer un pequeño ejemplo con tiempos reales. Supongamos que tienes que producir 1.000 revistas de 50 páginas y el proceso es el siguiente:

- Impresión: 3 días
- Encuadernación: 2 días
- Revisión de calidad: 1 día
- Acabados (corte y plastificado): 1 día

El diagrama de Gantt para este proyecto mostraría una barra de 3 días para la impresión, seguida por una barra de 2 días para la encuadernación, y así hasta completar todo el proceso. Además, si alguna fase puede solaparse, se puede visualizar en el gráfico, lo que permite optimizar los tiempos. Si la revisión de calidad se puede hacer mientras se terminan los últimos detalles de los acabados, por ejemplo, el Gantt lo mostrará de forma clara:

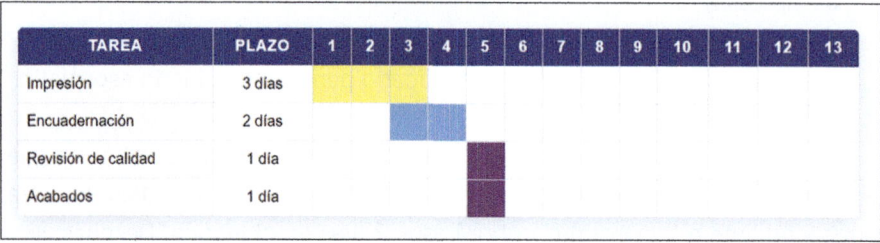

TAREA	PLAZO	1	2	3	4	5	6	7	8	9	10	11	12	13
Impresión	3 días													
Encuadernación	2 días													
Revisión de calidad	1 día													
Acabados	1 día													

Ejemplo de diagrama de Gantt

 Nota

El solapamiento en un diagrama de Gantt se refiere a cuando dos o más actividades o fases de un proyecto se realizan simultáneamente, es decir, se superponen en el tiempo. En lugar de esperar a que una tarea finalice completamente para comenzar la siguiente, algunas actividades pueden comenzar antes de que la fase anterior haya terminado.

Por otro lado, el diagrama PERT es un poco más técnico, pero muy útil en proyectos donde hay muchas tareas que dependen unas de otras. PERT significa *Program Evaluation and Review Technique* (técnica de evaluación y revisión de programas) y su principal objetivo es mostrar cómo las diferentes tareas están conectadas, y cuáles son las más críticas para que el proyecto salga a tiempo.

A diferencia del Gantt, que es más lineal y visual, el PERT es un gráfico en forma de red que conecta las tareas mediante flechas y nodos. Cada nodo representa una tarea y las flechas indican la relación entre ellas, es decir, cuál debe terminar antes para que otra pueda empezar.

El diagrama PERT también ayuda a identificar el "camino crítico", es decir, la secuencia de tareas que, si se retrasa, retrasará todo el proyecto. Esto es muy útil para ver en qué partes del proceso hay que estar más atentos y dónde hay margen de maniobra.

Las principales ventajas del diagrama PERT son:

- Ayuda a identificar qué tareas son más importantes para no retrasar el proyecto.
- Permite analizar la interdependencia entre diferentes fases del proceso.
- Es especialmente útil en proyectos complejos con muchas tareas.

Supongamos que, además de imprimir y encuadernar el libro, también tienes que hacer un diseño especial para la portada, y eso depende de que el Departamento de Diseño termine su trabajo a tiempo. El diagrama PERT mostrará cómo todas esas tareas están conectadas y te indicará cuál es la tarea que podría retrasar todo si no se hace a tiempo. Por ejemplo:

- Diseño de portada: 2 días
- Impresión: 3 días
- Encuadernación: 2 días

Si el diseño de portada se retrasa un día, eso retrasará todo lo demás, ya que la impresión no puede comenzar hasta que el diseño esté listo. Este tipo de interdependencia se ve claramente en un diagrama PERT.

Estructura del diagrama de PERT

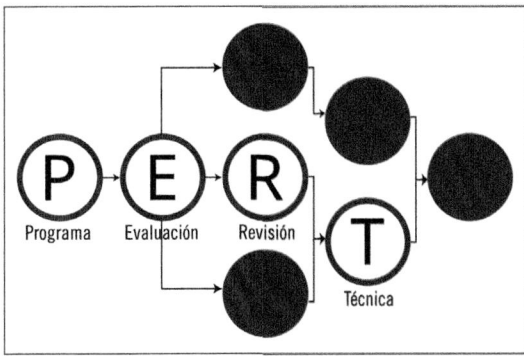

PERT (Program Evaluation and Review Technique): técnica de evaluación y revisión de programas

Tanto Gantt como PERT son gráficos muy útiles, pero se usan en situaciones ligeramente diferentes. Mientras que el diagrama de Gantt es perfecto para tener una visión general y sencilla de las fases de un proyecto, el PERT es más detallado y permite ver las relaciones entre tareas de una manera más técnica.

En una pequeña empresa editorial, el diagrama de Gantt puede ser más que suficiente para controlar la producción; sin embargo, en proyectos grandes o más complejos, con muchos equipos trabajando al mismo tiempo, el diagrama PERT puede ofrecer una visión más precisa de qué tareas necesitan más atención.

Hoy en día, no hace falta hacer estos gráficos a mano, existen muchas herramientas que permiten crear tanto diagramas de Gantt como PERT de manera sencilla:

- **Microsoft Project:** una herramienta muy completa que permite crear ambos tipos de gráficos y hacer seguimiento de los tiempos y recursos.
- **Trello:** aunque más simple, permite organizar tareas y visualizar plazos.
- **Smartsheet o Wrike:** son otras opciones muy populares en gestión de proyectos.

Estas herramientas permiten ajustar tiempos, mover tareas y recalcular automáticamente el impacto de cualquier cambio en el calendario del proyecto.

 Aplicación práctica

Está gestionando la producción de 2.000 folletos informativos para una campaña publicitaria. El proyecto tiene varias tareas interdependientes: diseño, impresión, encuadernación y revisión de calidad. Tiene un plazo limitado y necesita planificar el proceso de manera eficiente. Debe supervisar que todas las tareas se completen a tiempo. Decida si sería más adecuado utilizar un diagrama de Gantt o un diagrama PERT para este proyecto. Explique por qué.

Continúa en página siguiente >>

<< Viene de página anterior

SOLUCIÓN

El diagrama de Gantt es ideal para este proyecto, ya que ofrece una representación visual clara y fácil de seguir de las fases de producción (diseño, impresión, encuadernación, revisión). Este gráfico permite ver de un vistazo la duración de cada fase y si hay oportunidades para solapamientos de tareas. De este modo se optimiza el tiempo de entrega.

 ## Actividades

4. Explique la diferencia entre el diagrama de Gantt y el diagrama PERT en el control de la producción editorial y en qué situaciones es más útil utilizar cada uno.
5. Investigue las funcionalidades de herramientas como *Microsoft Project* o *Smartsheet* para la creación de diagramas de Gantt y PERT, y analice cómo facilitan la gestión de la producción en proyectos editoriales complejos.
6. Reflexione sobre las ventajas y desventajas de solapar tareas en un diagrama de Gantt durante la producción editorial, y cómo esta estrategia puede afectar el tiempo y la calidad del proyecto.
7. Analice la importancia de identificar el "camino crítico" en un diagrama PERT y cómo este conocimiento puede ayudar a prevenir retrasos en la producción de productos editoriales.

---

4. Técnicas de optimización: sistemas expertos

Un sistema experto es un tipo de *software* que simula la capacidad de tomar decisiones de un experto en un campo específico. Se utilizan para resolver problemas complejos o para tomar decisiones que normalmente requerirían de mucha experiencia o conocimientos técnicos. Estos sistemas se alimentan de reglas, datos históricos y parámetros concretos que les permiten hacer recomendaciones o incluso tomar decisiones automáticas.

En la producción editorial, se usan para optimizar procesos como la impresión, la encuadernación o los acabados. Para entender cómo lo hacen, hay que imaginar un escenario típico en una imprenta que produce cientos de libros, revistas o folletos al día. Se tienen que coordinar máquinas de impresión, tiempos de secado de tinta, la fase de encuadernación y quizá un laminado o recubrimiento final. Todo esto necesita estar perfectamente coordinado para cumplir los plazos de entrega y optimizar los recursos, como el uso de las máquinas y el personal disponible.

Un sistema experto ayuda a gestionar todo esto de manera eficiente. ¿Cómo? Básicamente analiza los datos que se le proporcionan (como tiempos de producción, número de unidades, capacidad de las máquinas, disponibilidad de materiales) y sugiere la mejor manera de ejecutar el trabajo. Incluso puede tomar decisiones automáticas para ajustar los tiempos, redistribuir tareas o cambiar el orden de las operaciones si detecta algún problema.

 Ejemplo

Si una de las máquinas de encuadernación está saturada o se avería, el sistema experto podría reprogramar el trabajo para otra máquina disponible o reorganizar las tareas para minimizar el impacto en el tiempo total de producción.

Los sistemas expertos son especialmente útiles para resolver problemas de optimización de recursos. Algunos ejemplos concretos son:

- **Asignación de máquinas y personal:** el sistema puede distribuir automáticamente qué máquina y qué operario se encargan de cada parte del proceso, teniendo en cuenta disponibilidad, capacidad y tiempos de entrega.
- **Ajuste de tiempos:** si un trabajo se está retrasando en la fase de impresión, el sistema puede ajustar las fases siguientes (como encuadernación

o acabado) para compensar y asegurar que el producto final esté listo a tiempo.

- **Mantenimiento preventivo:** un sistema experto puede predecir cuándo una máquina necesitará mantenimiento, evitando fallos inesperados que podrían parar la producción.

En una imprenta, por ejemplo, con dos máquinas de impresión, una más rápida, pero con mayor consumo de energía, y otra más lenta, pero más eficiente en términos de costos, el sistema experto puede analizar el tipo de trabajo que se necesita y decidir cuál es la máquina más adecuada según el tiempo disponible, la cantidad de unidades que imprimir y los costos operativos. Quizá, si el trabajo no es urgente, se decide que lo mejor es usar la máquina más lenta para ahorrar en costes de energía, pero si hay un pedido urgente, se opta por la máquina rápida para cumplir el plazo.

Otro ejemplo sería la optimización de los tiempos de secado de la tinta. Dependiendo del tipo de papel y la tinta utilizada, el sistema puede calcular automáticamente cuánto tiempo se necesita para que las páginas estén listas antes de pasar a la encuadernación. Si detecta que se puede reducir el tiempo sin comprometer la calidad, ajusta el *planning* para ahorrar tiempo sin afectar el producto final.

Alguno de los beneficios de usar sistemas expertos son los siguientes:

- **Reducción de errores humanos:** al tener un sistema que gestiona las decisiones más técnicas, se eliminan muchos de los errores que podrían cometerse por falta de experiencia o simplemente por un mal día.
- **Ahorro de tiempo:** la automatización en la toma de decisiones reduce el tiempo necesario para planificar y coordinar las tareas.
- **Mejor uso de recursos:** optimiza tanto las máquinas como el personal, lo que significa menos desperdicio de materiales, menor consumo de energía y uso eficiente del tiempo de los empleados.
- **Anticipación de problemas:** un sistema experto puede detectar patrones que indiquen futuros problemas, como fallos en máquinas o posibles cuellos de botella en la producción.

Implementar un sistema experto no es algo que se haga de la noche a la mañana. Primero, hay que recoger una gran cantidad de datos sobre el proceso productivo. Esto incluye:

- **Datos sobre las máquinas:** cuánta energía consumen, cuánto tiempo tardan en hacer cada trabajo, cuántas unidades pueden producir por hora, etc.
- **Datos sobre los tiempos:** cuánto tiempo lleva cada fase del proceso, desde la impresión hasta el acabado.
- **Datos históricos:** resultados de proyectos pasados, para que el sistema aprenda de la experiencia y pueda predecir mejor cómo optimizar los futuros trabajos.

Luego, se entrena al sistema para que reconozca patrones y tome decisiones basadas en esos datos. A veces, se utilizan técnicas de inteligencia artificial (como el aprendizaje automático) para que el sistema "aprenda" con el tiempo y sea cada vez más eficiente.

Un sistema experto en la fase de encuadernación podría analizar la carga de trabajo y sugerir cómo distribuir los recursos. Si detecta que la máquina de encuadernación más eficiente está ocupada, podría decidir utilizar una máquina secundaria o incluso proponer dividir el trabajo entre varias máquinas para asegurarse de que no haya retrasos.

Imagina que, además, se tiene que laminar las portadas de los libros. El sistema experto podría coordinar el momento exacto en el que las portadas terminadas están listas para laminar, minimizando el tiempo de inactividad entre la encuadernación y el acabado.

 Sabía que...

A medida que la tecnología avanza, cada vez es más común ver estos sistemas en imprentas y talleres editoriales que buscan mejorar su competitividad y cumplir con plazos ajustados

Continúa en página siguiente >>

<< Viene de página anterior

sin comprometer la calidad del producto final. Además, su implementación no solo está reservada para grandes empresas. Con la evolución de la tecnología y la accesibilidad de cierto *software*, muchas imprentas medianas y pequeñas ya están empezando a integrar sistemas expertos para gestionar mejor sus procesos productivos.

Cuando se habla de la implementación de sistemas expertos en un entorno de producción editorial, es importante entender que no funcionan de manera aislada. Estos sistemas se integran con otros procesos productivos, como la planificación, la gestión de recursos y el control de calidad. La clave está en cómo estas herramientas se complementan entre sí para garantizar que todo fluya sin contratiempos.

En un escenario típico, el sistema experto podría estar conectado a un *software* de planificación, como los gráficos de Gantt que se mencionaron anteriormente. A medida que el proceso avanza, el sistema experto va ajustando los tiempos y las asignaciones de recursos en tiempo real. Esto significa que, si se produce un cambio, como una máquina que se avería o un retraso en la entrega de materiales, el sistema puede reaccionar de inmediato.

Por ejemplo, si una fase de impresión se retrasa por un problema con el suministro de papel, el sistema experto podría reajustar el *planning* de la encuadernación y los acabados. Además, podría prever la necesidad de reprogramar otras tareas, como el mantenimiento de las máquinas, para que no haya interrupciones en momentos críticos.

Una de las áreas donde los sistemas expertos están marcando una gran diferencia es en el control de calidad. En la producción editorial, mantener un estándar alto de calidad es fundamental para asegurar que el producto final cumpla con las expectativas del cliente. Aquí es donde estos sistemas pueden hacer un seguimiento exhaustivo de cada detalle del proceso.

En lugar de depender solo de inspecciones manuales, el sistema experto puede analizar datos en tiempo real y comparar los resultados con estándares predefinidos. Si algo no encaja, como un error en la impresión o una variación en el grosor del papel, el sistema emite una alerta. De esta manera, los errores se detectan antes de que el producto pase a la siguiente fase, lo que reduce el número de productos defectuosos y ahorra tiempo y materiales.

Por ejemplo, en un proceso de impresión de libros, si la tinta no se está aplicando correctamente en algunas páginas, el sistema podría detectar esa anomalía gracias a sensores instalados en las máquinas de impresión. Luego, este sistema tomaría la decisión de detener la máquina temporalmente, ajustar los parámetros de impresión o notificar al operador sobre el problema. Esto evita que cientos de libros salgan con el mismo defecto, lo que supondría un gran desperdicio.

Impresión de libros

En los últimos años, se ha comenzado a utilizar la inteligencia artificial (IA) para mejorar aún más los sistemas expertos en la producción editorial. La IA permite que el sistema no solo siga reglas predefinidas, sino que también aprenda y se ajuste a situaciones nuevas o imprevistas. Esto se conoce como aprendizaje automático.

¿Cómo funciona esto en la práctica? El sistema recoge datos históricos sobre el rendimiento de las máquinas, los tiempos de producción, los problemas que han surgido en el pasado y cómo se resolvieron. A partir de esa información, el sistema comienza a hacer predicciones más acertadas y a optimizar los procesos de una forma mucho más eficiente.

Un ejemplo de IA aplicada a la impresión sería el ajuste automático de los tiempos de secado de la tinta. Según la temperatura y la humedad del día, el sistema podría decidir cambiar ligeramente los tiempos de secado para evitar que la tinta se corra o no se fije bien al papel. Estas son decisiones que antes solo un operario experimentado podría haber hecho, pero ahora los sistemas expertos dotados de inteligencia artificial pueden tomar estas decisiones de forma automática y en tiempo real.

 Para saber más

En el siguiente enlace se puede ver un artículo de IT Centro de recursos USER sobre cuatro formas en las que la IA puede transformar la industria de la impresión:

https://redirectoronline.com/uf02540301

Gracias a los sistemas expertos, muchas imprentas han conseguido reducir significativamente sus tiempos de producción. Al optimizar la secuencia de trabajo y evitar cuellos de botella, es posible entregar los productos a tiempo, lo que mejora la relación con los clientes y permite asumir más proyectos sin perder calidad.

En cuanto al ahorro de costes, estos sistemas permiten una mejor gestión de los recursos. Por ejemplo, pueden programar los trabajos de impresión para que coincidan con los momentos en los que las tarifas eléctricas son más bajas, o ajustar los tiempos de uso de las máquinas para reducir el desgaste y prolongar su vida útil. Además, al reducir los errores y mejorar el control de calidad, se evita la reimpresión de lotes defectuosos, lo que significa menos desperdicio de materiales.

Se puede imaginar una imprenta que produce tiradas grandes de revistas mensuales. Cada mes tiene que imprimir, encuadernar y enviar miles de copias en un plazo muy ajustado. Antes de implementar un sistema experto, solían tener problemas con el retraso en alguna fase del proceso: a veces las máquinas se saturaban, otras veces el personal no estaba bien coordinado y, en muchas ocasiones, había errores de impresión que obligaban a repetir parte de la producción.

Con el sistema experto implementado, se empezaron a coordinar mejor las fases de impresión, encuadernación y acabado. Por ejemplo, el sistema detectó que, durante la madrugada, la carga de trabajo de las máquinas era más baja y sugería trasladar parte de la producción a esas horas para aprovechar mejor los recursos y evitar el colapso de máquinas en horario pico. Además, cuando detectaba alguna inconsistencia en la calidad de impresión, automáticamente enviaba una notificación a los técnicos para que corrigieran el problema antes de que afectara toda la tirada.

El resultado fue una disminución en los tiempos de producción de aproximadamente un 20 %, menos errores en el producto final y un ahorro significativo en los costes de operación. Todo esto sin necesidad de hacer grandes inversiones en nuevas máquinas, solo con la implementación de un *software* que gestionara mejor los recursos existentes.

 Actividades

8. Explique cómo los sistemas expertos pueden optimizar la producción en imprentas, tomando decisiones automáticas para ajustar los tiempos y recursos en fases como impresión, encuadernación y acabado.
9. Investigue cómo IA está transformando los sistemas expertos en la industria de la impresión y describa al menos dos formas en que la IA mejora la eficiencia y calidad de los procesos productivos.

Continúa en página siguiente >>

<< Viene de página anterior

10. Reflexione sobre los beneficios y desafíos de implementar un sistema experto en una imprenta mediana, considerando factores como la reducción de errores humanos, el ahorro de tiempo y los posibles obstáculos en su implementación.
11. Analice cómo los sistemas expertos se integran con otros procesos de producción editorial, como la planificación y el control de calidad, y explique cómo esta integración puede mejorar la eficiencia y reducir los errores en la producción.

 Aplicación práctica

Está gestionando la producción de 5.000 libros con plazos muy ajustados y múltiples fases, incluyendo impresión, encuadernación y laminado de portadas. Durante el proceso, uno de los operadores le informa que la máquina de encuadernación más rápida está fuera de servicio temporalmente.

Explique cómo el sistema experto puede ayudarle a resolver este problema de manera eficiente y qué tipo de decisiones tomaría automáticamente para minimizar el impacto en el plazo de entrega.

SOLUCIÓN

El sistema experto analizaría automáticamente el estado de todas las máquinas disponibles. Al detectar que la máquina de encuadernación rápida está fuera de servicio, buscaría una alternativa, como reasignar el trabajo a otra máquina de encuadernación menos rápida pero disponible. Para compensar el tiempo adicional que esto podría suponer, el sistema podría ajustar los horarios de producción, como extender las horas de funcionamiento de las máquinas o redistribuir el personal.

Además, para minimizar el retraso, el sistema experto podría optimizar otras fases del proceso. Por ejemplo, si la fase de impresión se está realizando en una máquina con capacidad de velocidad variable, el sistema podría aumentar temporalmente la velocidad de impresión para ganar tiempo.

Si el laminado de portadas es una fase posterior que puede iniciarse en paralelo con la encuadernación, el sistema experto podría reorganizar las fases para que el laminado comience mientras s e termina la encuadernación, reduciendo el tiempo total de producción.

5. Herramientas informáticas de control: JDF

Cuando se habla del control y seguimiento de la producción en impresión, encuadernación y acabado de productos editoriales, las herramientas informáticas juegan un papel muy importante. Entre ellas, una que ha ganado mucha relevancia en los últimos años es el JDF.

El JDF *(Job Definition Format* o formato de definición de trabajos) es un estándar que se usa en la industria gráfica para conectar todas las etapas de la producción, desde el diseño hasta el acabado. Básicamente, es un formato que permite que las diferentes máquinas, sistemas y *software* de una imprenta "hablen" entre ellos y compartan información en tiempo real.

Al trabajar en la producción de un libro, este proceso pasa por varias fases: el archivo digital se envía a impresión, después se encuaderna y finalmente se le añade un acabado especial, como laminado o barniz. En cada una de estas etapas se necesita que los diferentes sistemas estén perfectamente coordinados. Aquí es donde entra en juego el JDF.

Este formato hace posible que la información sobre el trabajo, como la cantidad de páginas, el tipo de papel, el número de copias, etc. se transmita de manera automática y eficiente entre todas las fases del proceso productivo. Así se reduce el riesgo de errores y se mejora la productividad.

 **Nota**

El término JDF abarca tanto el estándar como los archivos generados bajo este formato. Un archivo JDF es una aplicación práctica del estándar, y en él se incluye toda la información necesaria para definir y gestionar un trabajo de impresión.

Dicho de otra forma, cuando se menciona el JDF en un contexto general, se hace referencia al conjunto de especificaciones y protocolos que permiten la automatización y la

Continúa en página siguiente >>

<< Viene de página anterior

interoperabilidad dentro de la industria de la impresión. Un archivo JDF, por otro lado, es un documento particular que sigue estas especificaciones y se usa para transmitir detalles sobre un trabajo de impresión entre distintos sistemas y dispositivos.

Para entender mejor el JDF, hay que pensar en él como un "archivo digital" que contiene todas las instrucciones necesarias para la producción de un trabajo editorial. Cuando un archivo entra en la imprenta, el sistema JDF genera un documento que incluye información clave, como:

- Especificaciones del diseño: colores, tipos de letra, formato de archivo.
- Datos de impresión: número de copias, tipo de papel, tamaño, tinta.
- Instrucciones de encuadernación: si el trabajo requiere grapas, pegado, cosido, etc.
- Acabados especiales: laminado, troquelado, barniz, entre otros.

Este "paquete de instrucciones" se va actualizando a medida que el trabajo pasa por las diferentes fases del proceso. Por ejemplo, cuando se termina la impresión, el JDF recoge esa información y la transmite automáticamente a la máquina de encuadernación, que ya sabe cuántas hojas tiene que manejar, qué tipo de encuadernación utilizar y cuándo puede comenzar el trabajo.

Esto es útil porque se evita tener que introducir manualmente los detalles en cada máquina o sistema, lo que no solo ahorra tiempo, sino que también reduce la probabilidad de errores humanos.

El JDF permite tener un control más preciso sobre todo el proceso de producción, algo que es muy importante cuando se trabaja con grandes volúmenes o con tiempos de entrega muy ajustados. Aquí van algunas ventajas clave:

- **Automatización de procesos:** al conectar todas las máquinas y sistemas, se eliminan muchos pasos manuales. No es necesario que un operario introduzca los datos en cada fase, ya que el sistema JDF lo hace de manera automática.

- **Seguimiento en tiempo real:** uno de los puntos más interesantes del JDF es que permite hacer un seguimiento del trabajo en tiempo real. Si hay algún problema en la fase de impresión, por ejemplo, este se detecta de inmediato, lo que permite tomar decisiones rápidas para corregir el error sin que afecte al resto del proceso.
- **Reducción de errores:** al eliminar la introducción manual de datos, se reducen mucho los errores humanos. Por ejemplo, es menos probable que se imprima la cantidad incorrecta de copias o que se use el papel equivocado.
- **Mejor gestión de recursos:** el JDF también facilita la optimización de los recursos. Si el sistema sabe exactamente cuánto tiempo va a tardar cada fase del proceso, puede asignar las máquinas y el personal de la manera más eficiente posible. Esto ayuda a reducir los tiempos de espera y asegura que el trabajo esté terminado en el plazo previsto.

Al imaginar un ejemplo concreto, por ejemplo, una editorial necesita producir 10.000 catálogos para una feria; el proceso comienza con la impresión del archivo digital. El sistema JDF recibe la orden de trabajo y genera un archivo con toda la información sobre el proyecto: formato, número de páginas, especificaciones de color, etc.

Mientras la máquina de impresión está trabajando, el sistema JDF ya está enviando datos a la máquina de encuadernación, de modo que, cuando se terminen de imprimir las páginas, la encuadernadora ya está lista para comenzar el proceso. Y lo mismo ocurre con los acabados: si se necesita plastificar o añadir algún tipo de barniz, el JDF ya tiene preparada la información para esa máquina.

Gracias a este flujo de información automatizado, se puede terminar la producción mucho más rápido y sin necesidad de coordinar manualmente las diferentes fases. Si, por alguna razón, hay un problema en alguna parte del proceso (por ejemplo, una máquina de encuadernación se estropea), el JDF puede avisar al sistema y reprogramar el trabajo para evitar retrasos.

Muchos de los sistemas de gestión de impresión (MIS, por sus siglas en inglés) y *software* de control de producción ya son compatibles con el formato JDF. Entre los más conocidos están:

- **Heidelberg Prinect:** un sistema de gestión de flujo de trabajo ampliamente utilizado en la industria gráfica, que integra el JDF para automatizar todo el proceso de producción.
- **Agfa Apogee:** otro sistema de flujo de trabajo que se usa en muchas imprentas y que también utiliza JDF para gestionar la producción de manera eficiente.
- **Kodak Prinergy:** un *software* que también incorpora el estándar JDF. Permite controlar y optimizar todas las fases de la producción, desde el diseño hasta el acabado.

 Nota

Los documentos en formato PDF hacen uso de archivos JDF para intercambiar información con los equipos de impresión. Estos archivos JDF contienen distintos parámetros y configuraciones relacionadas con el proceso de impresión, como la cantidad de páginas que imprimir, el tipo de tinta que se empleará y los perfiles de la impresora que se aplicarán. Los archivos JDF tienen una función de soporte, facilitan la transmisión de estas instrucciones.

El JDF no solo conecta máquinas y sistemas, sino que también facilita la interoperabilidad entre equipos de distintos fabricantes. ¿Qué significa esto? En la industria de la impresión, no todas las imprentas utilizan los mismos equipos. Es común que se usen máquinas de diferentes marcas y modelos, lo que en el pasado solía ser un desafío a la hora de integrar sistemas. Gracias al JDF, no importa si las máquinas son de diferentes fabricantes, ya que este estándar permite que se comuniquen entre sí sin problemas, eliminando barreras tecnológicas que antes complicaban la producción.

Otra funcionalidad clave del JDF es su capacidad para ajustar automáticamente las configuraciones. Imagina que estás produciendo un catálogo que necesita diferentes tipos de papel o varios tipos de impresión en una misma tirada. El sistema JDF puede detectar estos cambios y ajustar las configuraciones de las máquinas según las necesidades específicas de cada sección, sin intervención manual. Esto reduce el riesgo de errores y acelera el proceso, ya que las máquinas no necesitan detenerse para ajustes manuales.

Un aspecto menos conocido, pero también importante, es que el JDF puede integrarse con sistemas de facturación y control de costes. Durante el proceso de producción, el sistema JDF va registrando cuántos recursos se han utilizado: cuántas hojas de papel, cuánta tinta, cuántas horas de trabajo de las máquinas, etc. Esta información se puede enviar automáticamente al sistema de facturación, lo que facilita la gestión económica del proyecto. Las imprentas pueden obtener informes detallados sobre los costos reales de cada trabajo, lo que ayuda a mejorar la precisión en las cotizaciones futuras.

El JDF también contribuye a la sostenibilidad. Al hacer más eficientes los procesos y minimizar los errores, se reduce el desperdicio de papel y otros materiales. Además, el control más preciso sobre la producción permite optimizar el uso de energía en las máquinas, lo que puede ayudar a reducir el impacto ambiental de la imprenta.

En cuanto a su evolución, el JDF ha seguido adaptándose a las nuevas tecnologías. Hoy en día, el JDF es compatible con tecnologías de impresión digital y no solo con las tradicionales de impresión *offset*. Esto es importante porque cada vez más imprentas están optando por soluciones digitales debido a su flexibilidad y rapidez en la producción de tiradas más pequeñas o personalizadas. El JDF permite manejar de manera eficiente ambos tipos de impresión, adaptándose a las nuevas demandas del mercado.

Para obtener y utilizar el formato JDF, hay que seguir los siguientes pasos:

- **Contactar con proveedores de *software* de impresión:** empresas como Dataline Solutions ofrecen soluciones que integran JDF en los flujos de trabajo de impresión. Se puede solicitar una demostración o adquirir el *software* para implementar JDF en el sistema:

- **Consultar documentación y manuales:** fabricantes como Canon ofrecen manuales detallados que explican cómo crear y usar archivos JDF y JMF (formato de mensajería de trabajos). Estos recursos suelen estar disponibles en las páginas web de los fabricantes:

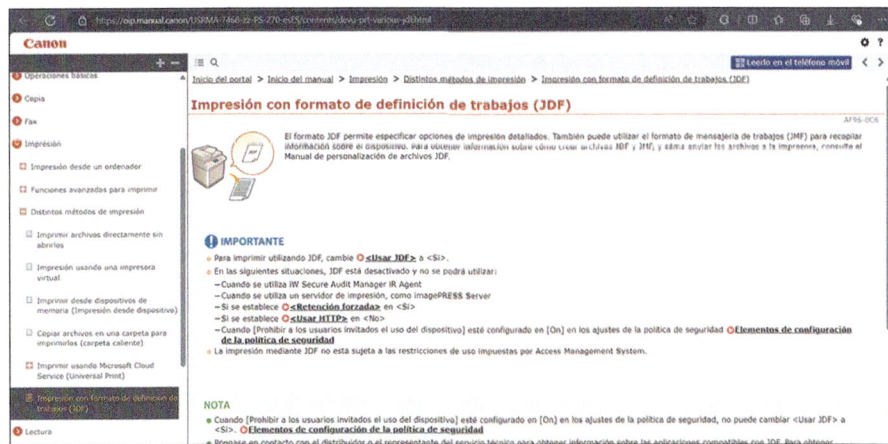

- **Utilizar *software* especializado:** plataformas como *Label Traxx* también permiten la integración con JDF para estandarizar la información entre el sistema de información gerencial (MIS) y los equipos de preimpresión:

Ejemplo

A continuación, se explicará cómo usar el JDF en una imprenta encargada de producir 10.000 libros.

Proceso de producción de 10000 libros con JDF

El proceso incluye la impresión, la encuadernación y los acabados finales (como laminado y corte). Para gestionar todo el flujo de trabajo de manera eficiente, se decide utilizar el estándar JDF para que todas las máquinas, desde la impresora hasta la encuadernadora, "hablen" entre sí y el proceso sea más fluido, evitando errores y ganando tiempo.

Continúa en página siguiente >>

<< Viene de página anterior

PASO 1: CREACIÓN DEL ARCHIVO JDF

El archivo JDF contiene todas las instrucciones para las máquinas de la imprenta. Se genera automáticamente desde el software de preimpresión Heidelberg Prinect:

- **PDF cargado:** Libro de 250 páginas.
- **Papel:** 80 g/m³, papel offset blanco.
- **Cantidad de copias:** 10.000 ejemplares.
- **Especificaciones de color:** CMYK, perfil de color ISOcoated_v2.
- **Encuadernación:** Tapa dura con cosido.
- **Acabados:** Laminado mate en las cubiertas.
- **Tiempo de secado de tinta:** 24 horas.

El archivo JDF contiene todas las instrucciones necesarias para que las máquinas de la imprenta realicen el trabajo según las especificaciones. Se suele generar desde un *software* de preimpresión (como *Heidelberg Prinect, Agfa Apogee* o *Kodak Prinergy):*

1. Cargar el archivo PDF del libro que se va a imprimir en el sistema de preimpresión.
2. El sistema genera el archivo JDF que contiene información clave como:

   ⁍ Número de páginas del libro.
   ⁍ Tipo de papel que se va a usar (gramaje, acabado, etc.).
   ⁍ Cantidad de copias que imprimir.
   ⁍ Especificaciones de color (CMYK, perfiles ICC, etc.).
   ⁍ Tipo de encuadernación (rústica, tapa dura, cosida, etc.).
   ⁍ Acabados adicionales (barnizado, laminado, troquelado, etc.).
   ⁍ Tiempos de secado de la tinta.

PASO 2: CONFIGURACIÓN DE LA IMPRESORA CON EL JDF

El archivo JDF se envía automáticamente a la impresora Heidelberg Speedmaster XL 106, que configura:

- **Cantidad de papel:** 10.500 hojas (500 de reserva).
- **Ajustes de tinta:** CMYK según perfil ISOcoated_v2.
- **Formato de pliego:** 70 x 100 cm, impresión a doble cara.
- **Secuencia de impresión:** Páginas pares e impares.

El JDF también permite seguimiento en tiempo real. Si surge un error, como falta de papel o un fallo en la calibración, se informa al sistema.

Una vez que se ha generado el archivo JDF, este se envía automáticamente a la máquina de impresión. Este archivo permite que la máquina configure automáticamente todos los

Continúa en página siguiente >>

<< Viene de página anterior

parámetros necesarios para imprimir correctamente el libro. Aquí se optimiza el proceso de configuración, eliminando la necesidad de ajustar manualmente las configuraciones de la impresora.

Por ejemplo, la máquina configurará automáticamente:

I Cantidad de papel que cargar.
I Ajustes de tinta según el perfil de color.
I Tipo de pliegos y formato de salida.
I Secuencia de impresión (páginas pares e impares, etc.).

El JDF también permite hacer un seguimiento en tiempo real del progreso. Si surge un error, como que falta papel o hay un problema con la calibración de color, el JDF reporta la incidencia al sistema, y se puede actuar antes de que se produzcan errores en la tirada.

 PASO 3: FASE DE ENCUADERNACIÓN

El archivo JDF se transfiere a la encuadernadora Kolbus KM 600. Se encuadernan los libros con tapa dura y cosido. El JDF le indica a la máquina:

• **Número de hojas por libro:** 250 páginas + cubierta.

• **Tipo de encuadernación:** Cosido con tapa dura.

• **Materiales adicionales:** Cubiertas impresas y laminadas.

El JDF también asegura que las páginas están en el orden correcto y evita errores en la secuencia.

Cuando la máquina de impresión ha terminado su trabajo, el archivo JDF sigue "vivo" y se transmite automáticamente a la máquina de encuadernación. El sistema JDF le dirá a la encuadernadora todos los detalles sobre el tipo de encuadernación y el número de ejemplares que necesita procesar.

El JDF le indicará a la máquina:

I Número de hojas a encuadernar por libro.
I Tipo de encuadernación (pegado, cosido, etc.).
I Materiales adicionales (si hay que añadir cubiertas o sobrecubiertas).
I Secuencia de encuadernación, para asegurarse de que las páginas están en el orden correcto.

Esto es especialmente útil si hay diferentes tipos de encuadernación o tamaños dentro del mismo trabajo, ya que el JDF se ajusta a cada una de estas variaciones automáticamente.

Continúa en página siguiente >>

<< Viene de página anterior

PASO 4: ACABADOS FINALES

El archivo JDF se transfiere a la máquina de acabado para aplicar el laminado y corte preciso. Proporciona las siguientes instrucciones:

• **Laminado:** Mate en las cubiertas, 10.000 unidades.

• **Corte:** Tamaño final de 15 x 21 cm.

Esto asegura que el acabado sea perfecto y consistente para todas las copias del libro.

Una vez que los libros están encuadernados, el archivo JDF se transmite a las máquinas de acabado. Si el trabajo incluye acabados adicionales como laminado, barnizado o troquelado, el JDF proporciona a las máquinas los parámetros exactos para aplicar estos acabados sin errores.

Por ejemplo, si se van a laminar las cubiertas de los libros, la máquina sabe:

▮ Qué cantidad de laminado utilizar.
▮ El tipo de laminado (mate o brillo).
▮ La cantidad exacta de cubiertas que deben pasar por el proceso.

Lo mismo ocurre con otros acabados como el troquelado o *embossing* (relieve), que pueden requerir de configuraciones específicas que el JDF gestiona automáticamente.

PASO 5: CONTROL Y SEGUIMIENTO DEL PROCESO

El sistema JDF permite monitorizar en tiempo real el progreso de la producción desde un sistema de gestión de impresión (MIS). Esto incluye:

• **Progreso de impresión:** 50% completado.

• **Alertas automáticas:** Alerta de bajo nivel de papel o fallo técnico.

• **Revisión de tiempos:** Ajustes de tiempos de encuadernación según el progreso de la impresión.

Una de las mayores ventajas del JDF es que permite hacer un seguimiento en tiempo real de cada fase de la producción. Desde un panel centralizado (como un sistema de gestión de impresión o MIS), se puede monitorizar todo el proceso, verificar el estado del trabajo y recibir alertas si algo no está funcionando como debería.

Continúa en página siguiente >>

<< Viene de página anterior

Por ejemplo:

▌ Si la impresión va más lenta de lo esperado, el JDF puede actualizar los tiempos de las fases siguientes (encuadernación y acabados) para ajustar las expectativas de entrega.
▌ Si una máquina de encuadernación se queda sin material o tiene un fallo técnico, el sistema puede enviar una alerta automática y redirigir temporalmente el trabajo a otra máquina disponible.

PASO 6: FINALIZACIÓN DEL TRABAJO Y ANÁLISIS

Al terminar el trabajo, el sistema JDF genera un informe detallado con información como:

• **Copias impresas:** 10.000 ejemplares (100 reimpresiones).
• **Consumo de materiales:** 10.500 hojas de papel, 20 litros de tinta.
• **Tiempos de producción:** 3 días para impresión, 1 día para encuadernación, 1 día para acabados.

Al terminar el trabajo, el sistema JDF genera un informe final que resume todo el proceso. Este informe puede incluir:

▌ Número de copias impresas (incluso si algunas tuvieron que repetirse).
▌ Consumo de materiales (papel, tinta, laminado, etc.).
▌ Tiempos que llevó cada fase de la producción.
▌ Incidencias que surgieron durante el proceso.

Este informe es útil para hacer un análisis posterior y mejorar futuros trabajos, ajustando los tiempos de producción o los recursos utilizados.

PASO 7: ENVÍO Y LOGÍSTICA

El JDF se integra con el sistema logístico para generar las especificaciones de envío:

• **Cantidad de libros por paquete:** 50 libros por caja.
• **Destinos de envío:** 500 paquetes a distintas librerías.
• **Plazos de entrega:** Envío en 5 días a partir de la producción.

Continúa en página siguiente >>

<< Viene de página anterior

El JDF puede integrarse también con la parte logística del proceso. Al finalizar la producción, se genera un archivo JDF con las especificaciones del producto terminado, que puede incluir detalles como:

I Cantidad de libros en cada paquete.
I Destinos de envío.
I Plazos de entrega.

Este archivo JDF puede integrarse con sistemas de gestión de entregas para asegurar que el producto llegue a tiempo a los clientes o distribuidores.

Actividades

12. Describa cómo el JDF facilita el control y la coordinación de las diferentes fases de producción en la industria gráfica, desde la impresión hasta el acabado.
13. Investigue las ventajas de utilizar sistemas de gestión de impresión compatibles con JDF y analice cómo estos sistemas mejoran la eficiencia y reducen los errores en la producción editorial.
14. Reflexione sobre cómo la automatización y el seguimiento en tiempo real proporcionados por el JDF pueden contribuir a la sostenibilidad y a la reducción de costos en la producción editorial.

Aplicación práctica

Imagine que gestiona la producción de un catálogo de 5.000 copias que requiere múltiples fases, desde la impresión hasta el encuadernado y el laminado final. Su imprenta ha implementado recientemente el sistema JDF para optimizar los procesos de producción. Durante el proceso, necesita asegurar que la máquina de laminado se configure correctamente para recibir las copias impresas a tiempo y evitar cualquier retraso.

Continúa en página siguiente >>

<< Viene de página anterior

Explique cómo el sistema JDF facilita el control y seguimiento de la producción en este escenario específico. Describa cómo contribuye a la coordinación entre la fase de impresión y la fase de laminado.

SOLUCIÓN

El sistema JDF centraliza toda la información del trabajo, desde el número de copias hasta las especificaciones de impresión y laminado. Cuando el archivo digital del catálogo es enviado a producción, el sistema JDF genera un documento que contiene las instrucciones detalladas para cada fase, incluyendo el laminado. Este archivo se actualiza automáticamente a medida que el trabajo avanza.

Mientras la impresión está en marcha, el sistema JDF ya está preparando la fase de laminado. La máquina de laminado recibe la información sobre el trabajo en tiempo real, lo que permite que se configure con antelación. Esto significa que, cuando las copias impresas estén listas, la máquina de laminado puede comenzar inmediatamente sin necesidad de ajustes manuales. Si la máquina de impresión experimenta un retraso, el JDF también ajusta automáticamente los tiempos para la laminación, manteniendo todo el proceso coordinado y minimizando el riesgo de retrasos.

---

6. Control de las entregas

La contratación de servicios de impresión, encuadernación y acabado de productos editoriales es la fase en la gestión de proyectos editoriales. Cuando se habla de control de las entregas en el contexto de la producción editorial, se está haciendo referencia a todo lo que implica garantizar que los productos terminados (libros, revistas, folletos, etc.) lleguen a su destino de manera puntual y en las condiciones adecuadas. Este control es tan importante como cualquier otra fase del proceso, ya que, por mucho que el producto esté bien hecho, si no se entrega a tiempo o en buen estado, todo el trabajo anterior pierde valor.

El primer paso para controlar las entregas de manera eficiente es planificar bien cuándo y cómo se va a realizar cada envío. En el caso de productos editoriales, esto puede implicar gestionar grandes tiradas de libros o revistas que deben llegar a diferentes lugares en momentos concretos. Si no se tiene claro el proceso, pueden surgir problemas como retrasos, entregas incompletas o, peor aún, productos que llegan en mal estado.

Ejemplo

Por ejemplo, si una imprenta termina la producción de una tirada de 10.000 ejemplares de una revista, no basta con empaquetarlos y enviarlos. Hay que organizar el envío, asegurarse de que los transportistas conocen los plazos de entrega, y coordinar si será necesario hacer entregas parciales (algo bastante común cuando se distribuye a diferentes ciudades o países). Para esto, muchas empresas utilizan *software* de gestión de entregas que ayuda a organizar todo el proceso logístico, desde la salida del producto hasta su llegada al destino. Estos programas permiten hacer un seguimiento en tiempo real del estado de los envíos y se integran con los sistemas de producción para que toda la información esté centralizada.

Otro aspecto clave en el control de las entregas es la coordinación con los transportistas. No basta con tener una producción eficiente si luego no hay una buena comunicación con quienes se encargan de llevar el producto hasta el cliente final.

Lo ideal es contar con transportistas de confianza que cumplan los plazos y cuiden el producto durante el traslado. Algunas imprentas trabajan con empresas de mensajería especializadas en productos editoriales, que saben cómo manejar paquetes pesados o frágiles, como los libros con acabados especiales. Además, el uso de servicios de transporte que ofrezcan seguimiento GPS es una gran ventaja, ya que permite saber en todo momento dónde está el envío y si va a llegar a tiempo.

Un punto que muchas veces se pasa por alto es la preparación de los productos para el envío. Esto implica elegir un embalaje adecuado para proteger los libros o revistas, sobre todo si se trata de productos que pueden dañarse fácilmente, como libros de gran tamaño o con acabados delicados (laminados, barnizados, etc.). Si no se elige el embalaje correcto, el riesgo de que los productos lleguen dañados es mucho mayor.

Antes de que los productos salgan de la imprenta, es fundamental hacer un control de calidad final. Este paso asegura que todo el trabajo anterior (impresión, encuadernación, acabado) se ha realizado correctamente y que los productos están listos para ser enviados. ¿Qué implica esto?

- **Revisión del producto terminado:** se comprueba que los productos cumplen con los estándares de calidad acordados. Esto incluye verificar la nitidez de las impresiones, que las páginas estén correctamente encuadernadas y que no haya errores como páginas en blanco o mal impresas.
- **Control del embalaje:** se debe asegurar que el embalaje sea el adecuado para proteger el producto durante el transporte. Esto es especialmente importante en productos con acabados sensibles, como los libros de tapa dura o los que tienen detalles en relieve, que pueden dañarse fácilmente si no se manejan con cuidado.
- **Comprobación del número de unidades:** verificar que la cantidad de productos producidos es la correcta, y que no falta ninguna unidad en el envío.

En una editorial, por ejemplo, que ha terminado la producción de 5.000 ejemplares de un libro y estos tienen que ser distribuidos en diferentes puntos del país para su venta en librerías, el control de las entregas comenzaría con la coordinación de los plazos: si las librerías han solicitado recibir los libros en una fecha específica, habrá que asegurarse de que el envío se realice con tiempo suficiente.

La editorial puede utilizar un sistema de gestión de envíos que le permita organizar las rutas de los transportistas, de manera que las librerías más cercanas reciban los libros primero y las más alejadas después. Este sistema también permite hacer un seguimiento del estado de cada entrega y verificar que todo se está realizando según lo planificado.

Además, antes de que los libros salgan del almacén, se hace un control de calidad final para asegurarse de que todas las copias estén en perfecto estado y que el embalaje sea lo suficientemente robusto para protegerlas durante el transporte.

Por más que se planifique y controle, siempre existe la posibilidad de que algo salga mal en el proceso de entrega. ¿Qué hacer si una parte del envío se pierde, llega tarde o los productos llegan dañados?

En estos casos, es importante tener un protocolo claro para manejar las incidencias. Las empresas suelen utilizar sistemas de gestión de incidencias que permiten registrar el problema, contactar rápidamente con los transportistas y coordinar una solución. Esto podría implicar, por ejemplo, el envío de nuevas copias si las originales se han dañado, o la reorganización de la entrega si se ha producido un retraso.

Si algún cliente necesita devolver productos defectuosos, se debe contar con un sistema de gestión de devoluciones que permita recibir los productos dañados y procesar su reemplazo o reembolso de manera eficiente. Esto es especialmente importante en la producción editorial, donde a veces los productos personalizados (como libros con acabados especiales) no pueden ser fácilmente reemplazados.

Una parte importante del control de las entregas es la retroalimentación. Después de que se haya completado una entrega, es útil recoger información tanto de los transportistas como de los clientes. Esto permite evaluar si el proceso de entrega fue eficiente o si hubo algún inconveniente que se pueda mejorar en el futuro.

 Ejemplo

Por ejemplo, si un cliente informa de que los libros llegaron dañados, podría ser necesario revisar el embalaje utilizado y ajustar el proceso para evitar que vuelva a ocurrir. También es útil hacer un seguimiento de los plazos· si las entregas están llegando tarde de manera recurrente, es posible que haya que ajustar la planificación o cambiar de empresa de transporte.

Existen varias herramientas reales y populares que se utilizan para el control de las entregas en distintos sectores, incluyendo la producción editorial. A continuación, se detallan algunas de ellas:

- **Track-POD:** es una solución integral para la gestión y el control de entregas. Ofrece características como el seguimiento en tiempo real de los vehículos, la optimización de rutas, la gestión de incidencias y la confirmación de entregas con firma electrónica. Es ideal para controlar grandes volúmenes de entregas y garantizar la puntualidad, además de ofrecer a los clientes actualizaciones en tiempo real sobre el estado de sus pedidos.

Sitio web <https://www.track-pod.com/es/>

- **Onfleet:** es un *software* de gestión de entregas que optimiza y supervisa todo el proceso. Ofrece seguimiento en tiempo real, herramientas de planificación de rutas, notificaciones automáticas para los clientes y análisis detallados de rendimiento. También permite gestionar incidencias y reprogramar entregas fácilmente, lo que es ideal para garantizar que los productos editoriales lleguen a tiempo y en perfecto estado.

Sitio web <https://onfleet.com/>

■ ***ZetesChronos:*** es una solución que se utiliza para la supervisión en tiempo real de las operaciones de entrega. Proporciona visibilidad sobre la cadena de suministro, desde la salida del almacén hasta la entrega al cliente. Permite registrar incidencias, obtener pruebas de entrega con firma digital y ajustar rutas en función de los cambios en tiempo real.

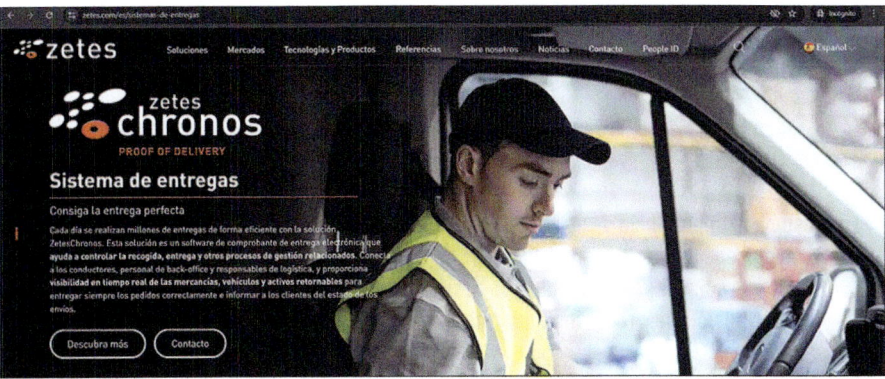

Sitio web <https://www.zetes.com/es/sistemas-de-entregas>

Aplicación práctica

Imagine que su empresa editorial acaba de lanzar una colección de libros y debes distribuir 10.000 copias a librerías y clientes individuales en todo el país. Es fundamental asegurar que las entregas se realicen de manera eficiente y dentro de los plazos establecidos. También necesita mantener a tus clientes informados sobre el estado de sus pedidos y manejar posibles incidencias durante las entregas.

Seleccione la opción de herramienta que mejor se adapte a las necesidades de su empresa editorial en ese contexto y justifique su elección.

SOLUCIÓN

La opción elegida es *Onfleet,* porque, además de proporcionar seguimiento en tiempo real, ofrece herramientas de planificación de rutas y notificaciones automáticas para los clientes. Esto sirve para mantener a los clientes informados sobre el estado de sus pedidos y asegurarse de que las entregas se realicen de la manera más eficiente posible.

Continúa en página siguiente >>

<< Viene de página anterior

La capacidad de gestionar incidencias y reprogramar entregas fácilmente es una ventaja adicional que permitirá resolver cualquier problema que surja durante el proceso de distribución, lo cual garantiza que los libros lleguen a tiempo y en perfecto estado.

 Actividades

15. Resuma la importancia de un control eficiente de las entregas en la producción editorial y cómo puede afectar la percepción del cliente sobre el producto final.
16. Investigue cómo las herramientas de gestión de entregas pueden optimizar el proceso de distribución de productos editoriales y mejorar la puntualidad y la calidad del servicio.
17. Reflexione sobre la importancia de la retroalimentación tras la entrega de productos editoriales y cómo esta información puede ayudar a mejorar futuros procesos de distribución y embalaje.

7. Resumen

El *planning* en la producción editorial es una herramienta esencial para organizar y coordinar las diferentes fases del proceso, como la impresión, la encuadernación y los acabados. A través de este sistema, se asignan recursos, se establecen tiempos y se asegura el desarrollo adecuado de las tareas, evitando problemas como la falta de disponibilidad de máquinas o tiempos de secado inadecuados que podrían afectar la calidad y los plazos de entrega.

Para crear un *planning* eficiente, es necesario considerar factores como la cantidad de productos, la complejidad del proyecto, la disponibilidad de recursos y los plazos. Dependiendo del tamaño de la empresa, se pueden utilizar desde hojas de cálculo hasta *software* especializado, como *Trello* o *Microsoft Project,* que permiten un control más preciso del progreso de cada fase del proceso.

El seguimiento es igual de relevante que la planificación, ya que implica monitorear el progreso y realizar ajustes cuando sea necesario. Si surgen problemas, como la avería de una máquina, es importante detectarlo rápidamente para minimizar los retrasos. Además, el seguimiento asegura que se mantenga la calidad del producto al corregir errores antes de avanzar en el proceso.

El JDF es un estándar que permite la integración de todas las etapas de producción. Automatiza la transmisión de información entre las máquinas, lo que ahorra tiempo y reduce errores humanos. Finalmente, el control de las entregas garantiza que los productos lleguen en buen estado y a tiempo mediante una planificación adecuada y el uso de herramientas de seguimiento en tiempo real, lo que asegura un proceso de distribución eficiente.

Ejercicios de repaso y autoevaluación

1. Defina qué es un *planning* en producción editorial y mencione su importancia en el proceso de impresión.

_____
_____
_____
_____

2. Enumere dos factores que se deben considerar al elaborar un *planning* para la producción editorial.

_____
_____

3. ¿Qué herramienta gráfica es más adecuada para visualizar el solapamiento de tareas en un proyecto editorial?

    a. Diagrama de Gantt
    b. Diagrama PERT
    c. Planilla de *Excel*
    d. *Software* de diseño

4. Explique la diferencia entre un diagrama de Gantt y un diagrama PERT en la planificación editorlal.

_____
_____
_____
_____

5. Describa cómo el seguimiento continuo beneficia el control de la producción editorial.

_____
_____
_____
_____

6. Mencione dos ventajas de usar *software* de gestión de proyectos como *Trello* o *Asana* en la planificación editorial.

_____
_____

7. ¿Qué sistema de control automatiza la comunicación entre máquinas en una imprenta?

    a. JDF
    b. *Excel*
    c. PERT
    d. *Asana*

8. Explique cómo el JDF facilita la coordinación de las fases de producción en la industria gráfica.

_____
_____
_____
_____

9. Describa un escenario en el que un sistema experto optimiza la producción en una imprenta.

_____
_____
_____
_____

10. ¿Qué herramienta de control de entregas ofrece seguimiento en tiempo real y optimización de rutas?

    a. *Onfleet*
    b. *Trello*
    c. *Excel*
    d. *Google Sheets*

11. Reflexione sobre los posibles problemas que pueden surgir si no se realiza un seguimiento adecuado del *planning* en la producción editorial.

12. Analice la importancia de identificar el "camino crítico" en un diagrama PERT.

13. Enumere dos beneficios de implementar sistemas expertos en la producción editorial.

14. Describa cómo el JDF contribuye a la sostenibilidad en la producción editorial.

15. Explique la importancia de la retroalimentación tras la entrega de productos editoriales.

Bibliografía

Monografías

SÁNCHEZ, J. R. y LÓPEZ E. F.: Pensar en diseño gráfico. Editorial Universitaria: Libros UDG, 2012.

VILLANUEVA, J.: Principios flexográficos: un mundo en artes gráficas. JJ VILLANUEVA. 2018.

Textos electrónicos, bases de datos y programas informáticos

Acabados postimpresión, de: <https://grupomanas.com/acabados-especiales>.

Descubriendo los tipos de papel: cómo elegir el adecuado para tu proyecto de impresión en imprenta, de: <https://id-soft.net/tipos-de-papel-en-imprentas-cual-elegir/>.

Diagrama de Gantt: qué es y cómo crear uno con ejemplos, de: <https://asana.com/es/resources/gantt-chart-basics>.

El diagrama de PERT: qué es y cómo crearlo (incluye ejemplos), de: <https://asana.com/es/resources/pert-chart>.

El proceso de impresión en huecograbado: ¿qué es?, de: https://www.limepack.es/blog/metodos-de-impresion-es/el-proceso-de-impresion-en-huecograbado-que-es>.

▌ Estampado al calor: técnicas de impresión explicadas, de: <https://www.mondaymerch.com/es/resources/printing-techniques/foil-stamping-printing-techniques-explained>.

▌ La impresión tipográfica, de: <https://hispaprint.com/blog/impresion/la-impresion-tipografica/>.

▌ Papel offset versus papel couché, de: <https://www.impresum.es/blog/papel-offset-versus-papel-couche/>.

▌ Postimpresión: qué es y cómo mejorarla, de: <https://artyplan.com/noticias/postimpresion-artesgraficas/>.

▌ Preimpresión: etapas e importancia, de: <https://artyplan.com/noticias/preim-presion-etapas-e-importancia/#:~:text=%C2%BFQu%C3%A9%20es%20la%20preimpresi%C3%B3n%3F,documento%20y%20su%20impresi%C3%B3n%20definitiva>.

▌ Tipos de impresión; conócelos todos, de: <https://sherpaprint.com/tipos-impresion-digital-offset-3d/>.